BIOGRAPHIE

DE

M. L'ABBÉ GOUDÉ

CHANOINE HONORAIRE DE NANTES

ANCIEN SUPÉRIEUR DU COLLÈGE S^{TE}-MARIE-DE-BÉRÉ

A CHATEAUBRIANT

PAR

L'abbé Jules-Marie GENDRY

ANCIEN ÉLÈVE DU COLLÈGE SAINTE-MARIE

Vir amator civitatis.
(II Mach., xiv, 37.)

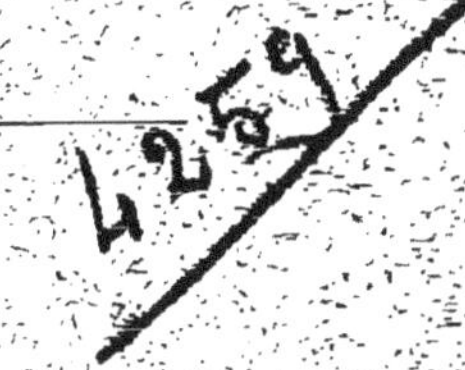

ANGERS

IMPRIMERIE LACHÈSE ET DOLBEAU

13, Chaussée Saint-Pierre, 13

—

1882

BIOGRAPHIE

DE

M. L'ABBÉ GOUDÉ

ANGERS, IMPRIMERIE LACHÈSE ET DOLBEAU.

BIOGRAPHIE

DE

M. L'ABBÉ GOUDÉ

CHANOINE HONORAIRE DE NANTES

ANCIEN SUPÉRIEUR DU COLLÈGE Sᵀᴱ-MARIE-DE-BÉRÉ

A CHATEAUBRIANT

PAR

L'abbé Jules-Marie GENDRY

ANCIEN ÉLÈVE DU COLLÈGE SAINTE-MARIE

Vir amator civitatis.
(II Mach., xiv, 37.)

ANGERS

IMPRIMERIE LACHÈSE ET DOLBEAU

13, Chaussée Saint-Pierre, 13

1882

A SA GRANDEUR

MONSEIGNEUR CHARLES LABORDE

ÉVÊQUE DE BLOIS

Université catholique d'Angers, le 20 avril 1882.

MONSEIGNEUR,

Lorsque j'eus accepté d'écrire cette biographie de M. l'abbé Goudé, immédiatement ma pensée se reporta vers Votre Grandeur.

Il était difficile assurément de parler de M. Goudé, sans qu'à chaque page votre nom vint s'ajouter au sien. Votre existence avait été mêlée, pour ainsi dire, à celle de notre cher défunt.

Veuillez donc me permettre, Monseigneur, de déposer à vos pieds mon humble travail, et de rapprocher votre nom du nom de ce prêtre si pieux dont vous saviez mieux que personne apprécier les vertus sacerdotales. La mort n'a point altéré l'affection que vous lui aviez vouée ; votre souvenir et le sien s'uniront dans ces lignes destinées à perpétuer sa mémoire.

Daignez agréer, Monseigneur, l'expression des sentiments du très profond respect avec lequel j'ai l'honneur d'être,

de Votre Grandeur,
le serviteur très humble et très reconnaissant,

JULES-MARIE GENDRY,

Ancien élève du collège Sainte-Marie.

ÉVÊCHÉ DE BLOIS

Blois, le 26 avril 1882.

Monsieur et cher abbé,

La reconnaissance étant la mémoire du cœur, je ne suis pas surpris qu'un ancien élève du collège Sainte-Marie ait voulu écrire la biographie du digne et vénéré Supérieur de cette maison.

Je vous remercie de ces pages, consacrées à un prêtre aussi aimable que pieux, aussi intelligent que modeste. Je vous remercie tout particulièrement de la pensée que vous avez eue de me les offrir, en souvenir de notre vieille et constante amitié.

Puisse ce petit livre qui fait revivre, avec autant de grâce que de vérité, la douce physionomie du bon abbé Goudé, produire dans le cœur de vos lecteurs les heureux fruits que vous en attendez !

Recevez, Monsieur et cher abbé, l'assurance de mes sentiments tout dévoués,

† CHARLES,

Évêque de Blois.

PRÉFACE

Écrire l'histoire d'un homme est toujours chose délicate et difficile ; surtout lorsque cet homme a occupé une position relativement importante, et que son existence s'est heurtée à tant d'obstacles et a reçu la cruelle empreinte de l'adversité.

Il semble alors qu'il soit bon de laisser au temps le soin d'apaiser beaucoup de choses. L'oubli n'est-il pas le remède nécessaire à bien des maux ?...

Lorsqu'on ouvre, en effet, le sein de la terre pour recueillir une source, il faut attendre quelques jours avant d'y puiser. L'eau, en jaillissant, entraîne avec elle mille détritus qui en troublent la limpidité et en corrompent la saveur.

Cette comparaison nous paraît s'appliquer aussi bien à l'historien qu'au lecteur. L'un et l'autre ont besoin, pour porter un jugement équitable, de ce calme à la fois exempt de préjugés et de partialité.

Aussi quand l'excellent curé de Béré, M. l'abbé Dautais, nous proposa d'écrire la biographie de celui qui lui avait confié ses dernières volontés, nous hésitâmes longtemps ; nous étions partagé entre le désir de rendre un hommage si juste à la mémoire de notre vénéré supérieur et la crainte que nos faibles moyens ne nous permissent pas de fournir honorablement la carrière.

Il ne s'agissait pas seulement d'édifier, il fallait surtout réhabiliter ; et cette dernière partie de notre programme n'était pas sans nous causer quelque embarras. Mais de précieux encouragements sont venus, au début de notre travail, nous faciliter la tâche et lever tous nos scrupules.

Nous interrogeâmes d'abord notre premier supérieur, Mᵍʳ l'Évêque de Nantes. « J'approuve

« entièrement votre projet, nous répondit Sa
« Grandeur. Une biographie, comme celle dont
« vous parlez, ne peut être qu'utile et agréable
« au clergé nantais. »

Ensuite, lorsque nous proposâmes à Mgr l'É-
vêque de Blois d'accepter la dédicace de notre
humble travail, en mémoire de son ancien ami,
le résultat dépassa nos espérances. Sa Grandeur
se rendit à notre désir de la meilleure grâce du
monde ; puis, Elle nous fournit des documents
très importants et nous sommes heureux de lui
témoigner ici les sentiments de notre très respec-
tueuse et très profonde reconnaissance.

En même temps que nous écrivions à
Mgr l'Évêque de Blois, nous adressions une autre
lettre à Mgr l'archevêque de Larisse, coadjuteur
de Son Éminence le cardinal-archevêque de
Paris. Nous pensions, en effet, que le conseil de
l'ancien supérieur des maisons d'éducation du
diocèse de Nantes nous serait précieux. Mgr Richard n'avait-il pas connu intimement M. Goudé ?
n'avait-il pas eu cent fois des rapports avec lui ?

— « Faites votre notice, mon cher ami, nous
« répondait Sa Grandeur ; c'est une chose pieuse
« et utile de conserver la mémoire de nos dé-
« funts. »

— « Je suis bien aise, écrivait à son tour
« un vénérable directeur au grand séminaire de
« Nantes, qu'on ait la pensée de publier une
« petite notice sur M. Goudé. C'est un prêtre
« distingué, modeste et vertueux, dont le sou-
« venir édifiant ne devrait pas se perdre. »

Tous ces témoignages si hauts, si précieux et
si explicites ne nous ont plus permis d'hésiter.
Nous avons cru qu'ils étaient l'expression de la
voix de Dieu et qu'ils nous dictaient notre devoir.
Nous avons donc pris la plume. Cependant,
avant de commencer, nous avons fait appel à
quelques amis du cher défunt, les priant de nous
seconder dans notre travail.

Nous avons été entendu, et nous sommes
heureux d'offrir ici l'expression de notre gratitude,
particulièrement à M. l'abbé Jannin, curé des
Tuffeaux (Maine-et-Loire), à M. l'abbé Maucler,

curé de Savenay, à M. l'abbé de Tréméac, curé de Chantenay, à M. l'abbé Saintfort, professeur au collège de Châteaubriant. Les lettres et les notes que ces Messieurs ont mises à notre disposition nous ont été d'un secours inappréciable.

Merci encore une fois à tous ceux qui nous ont aidé, à tous ceux qui, pour divers motifs, préfèrent que leurs noms ne soient pas prononcés.

Mais il est un prêtre qui nous a secondé par-dessus tous dans l'œuvre que nous avions entreprise. La justice et la reconnaissance ne nous permettent pas de l'oublier. M. l'abbé Martin, docteur ès-lettres et professeur à l'Université catholique d'Angers, a eu à notre égard une bonté dont nous ne saurions assez le remercier. Il a lu et relu notre travail et nous a fait d'utiles remarques.

Puissions-nous avoir atteint le but que nous nous sommes proposé en commençant à écrire ! Puissions-nous surtout faire passer dans l'âme de nos lecteurs tous les sentiments qui remplirent la nôtre, lorsqu'en recueillant les documents qui nous étaient nécessaires, nous vîmes se dérouler sous nos yeux une existence si belle et si peu connue — nous pourrions dire si méconnue !

Quoiqu'il arrive, nous voulons inscrire en tête de cet ouvrage la belle maxime de la bienheureuse Françoise d'Amboise, que M. Goudé avait un jour choisie pour devise : « *Faites sur toutes choses que Dieu soit le mieux aimé !* »

PREMIÈRE PARTIE

DEPUIS LA NAISSANCE DE CHARLES GOUDÉ JUSQU'A
SA NOMINATION DE SUPÉRIEUR
DE L'INSTITUTION SAINTE-MARIE (1822-1848)

CHAPITRE PREMIER

Famille Goudé. — Naissance de Charles Goudé. — Ses premières années. — M. Dandé l'envoie à Chauvé. — Il y passe trois années.

La famille des Goudé est originaire de l'Anjou.

Dès 1748, nous retrouvons la trace de ses ancêtres dans les paroisses de Neuville et Grez, de Quincé et de Brissac.

Un certificat de baptéme extrait des registres de Neuville et Grez nous révèle l'existence d'un prêtre au sein de cette famille bénie qui devait donner le jour à un autre prêtre, celui dont nous avons entrepris d'écrire la vie.

Nous ne savons précisément à quelle époque la famille des Goudé vint habiter Nantes. Selon toute apparence, elle devait être installée dans cette ville au commencement du siècle.

Victor-Vincent, père de Charles Goudé, fut enrôlé en 1812 sous les drapeaux du terrible dictateur dont les triomphes coûtèrent à la France tant de sang mêlé à tant de larmes.

Pendant la première et courte période du règne de Louis XVIII, il mérita la *décoration du Lys* qui lui fut donnée le 26 juin 1814, « pour s'être acquitté de ses devoirs avec zèle et exactitude. »

Il prit pour épouse Claire-Désirée Gaborit, née à Nantes. C'était une femme bretonne à la fois par le cœur et par les ancêtres.

De leur union naquirent trois garçons : l'aîné Aristide, Alexandre et Charles le plus jeune. Ce dernier vint au monde le 21 juin 1822, le jour même de la fête de saint Louis de Gonzague, de ce saint dont il devait être, dans sa jeunesse, un si fervent imitateur. Il fut baptisé le lendemain dans l'église cathédrale de Nantes, ses parents demeurant alors dans la rue Saint-Léonard, paroisse Saint-Pierre.

S'il est vrai de dire que les préférences maternelles sont pour les derniers-nés, cette loi, passée pour ainsi dire à l'état d'axiome, devait recevoir, dans l'exemple que nous avons sous les yeux, sa plus complète réalisation. Mais, ajoutons-le dès maintenant, l'admirable tendresse de Mme Goudé trouva dans le cœur de Charles un écho toujours fidèle ; et, en présence de cette mutuelle affection, nous ne savons qu'admirer le plus de l'amour de la mère pour son fils ou du fils pour sa mère.

Le métier de tanneur était héréditaire chez les Goudé. M. Victor l'exerça pendant toute sa vie et le transmit à sa mort à son fils aîné, Aristide. Par son travail, le père donnait à sa famille le pain de chaque jour. Il sut même, grâce à sa laborieuse et sage industrie, lui faire goûter les fruits d'une honnête et modeste aisance.

Les premières années de Charles se passèrent dans l'intimité de la vie domestique. Dès sa plus tendre enfance, on lui fit fréquenter l'école des Frères, située dans la rue de la Commune. Son premier professeur fut le Frère Dagobert dont il gardera pendant toute sa vie le meilleur souvenir[1].

[1] Le Frère Dagobert est mort visiteur du district de Quimper, le 13 novembre 1879, âgé de 72 ans.

Dans cette maison et au contact de maîtres si modestes et si dévoués, il acquit, avec les éléments des lettres, des habitudes d'ordre et de travail dont il ne se départira jamais dans la suite. Mais, c'est sans doute aux enseignements de sa vertueuse mère, qu'il doit surtout d'avoir été ce que nous l'avons connu : un prêtre remarquable, un prêtre selon le cœur de Dieu. A son exemple, il acquit la pieuse habitude de surnaturaliser chaque action de sa vie ; et, dans toute sa carrière, nous le verrons faire toujours marcher de pair la science et la sainteté.

Mme Goudé était, en effet, une femme douée de qualités peu communes. De bonne heure, elle s'efforça d'inculquer dans l'âme de ses enfants les sentiments d'une foi vive : précieux germes qui, lorsqu'ils ont été déposés par une main maternelle dans un cœur d'enfant, poussent de trop profondes racines pour qu'ils puissent en être complètement arrachés.

Chaque matin, Charles quittait ses parents après avoir reçu leurs baisers. On le voyait, nous dit-on, partir et s'en revenir régulièrement, sans jamais s'arrêter avec ses jeunes camarades pour prendre part à leurs jeux. Le *chemin des écoliers* fut toujours pour lui chose inconnue ; il regrettait trop les heures qu'il lui fallait passer loin de sa mère bien-aimée. Son souvenir lui remplissait l'esprit et le cœur à tel point qu'il ne forma aucune liaison avec les enfants de son âge.

Dans cette période de sa vie, il ne connut que deux chemins : celui de l'école et celui de l'église. Aussitôt la classe terminée, il regagnait en courant sa bonne rue Saint-Léonard. Quelques minutes lui suffisaient pour arriver au terme de sa course. Alors il aimait à s'asseoir auprès de celle à qui il avait voué une sorte de culte. Que se passait-il dans cette fréquente et mutuelle contemplation de la mère et de l'enfant ? La correspondance qu'ils échangèrent plus tard nous permettra de le deviner.

Paraissant extérieurement peu communicatif ; fuyant même la compagnie des enfants de son âge trop bruyants pour cette tranquille nature, pour ce tempérament faible et maladif ; baissant timidement les yeux lorsqu'il allait seul par les rues de la cité nantaise ; travaillant et priant avec une piété et une application rares à cet âge : tel fut Charles Goudé dans ses premières années. C'est pourquoi, dans le quartier, on l'avait surnommé « *le petit saint*[1]. »

Mais bientôt allait s'ouvrir pour ce jeune enfant une vie nouvelle, vie qui devait disposer son âme à des réflexions plus sérieuses, en y développant les germes de la grâce divine.

Charles avait dix ans passés et il allait assidûment au catéchisme de la paroisse qui avait lieu deux fois la semaine, dans la vieille chapelle de la Retraite. Son intelligence précoce et l'application qu'il apportait à l'étude de ses leçons lui valurent d'être nommé *maître de banc*. On lui confia aussi le soin de distribuer les *diligences*, ou résumé écrit des explications données au catéchisme.

Ainsi, sous l'œil de sa mère et de ses maîtres, se préparait à faire sa première communion cet enfant que Dieu regardait déjà, sans doute, avec complaisance.

---

[1] Nous devons la plus grande partie de ces renseignements à l'obligeance de Mme Séché, de Nantes, à qui nous sommes heureux d'offrir ici l'expression de notre vive gratitude.

Ce fut en l'année 1834 qu'il approcha du banquet eucharistique. Un petit règlement qu'il écrivit en ce jour et la prière « à Jésus et à Marie » qui le termine, nous laissent à penser ce que furent alors ses sentiments et quelles influences ils exercèrent sur tout le reste de sa vie.

« Je veux, dit-il dans ces résolutions, faire de longues prières et j'y ajouterai une petite méditation.... En allant en classe, je ne m'arrêterai point dans les rues.... Je ne tiendrai point de conversations inutiles..... Je serai fidèle à la vérité et je ne trahirai point les secrets qu'on m'aura confiés. Je ferai une lecture de piété d'un quart-d'heure au moins.... Dans la tentation j'invoquerai toujours Marie.... Je me coucherai les mains jointes sur la poitrine. »

Puis il termine par cette touchante prière : « O « vous, Marie, ma bonne et tendre mère, obtenez- « moi la grâce de ne pas mourir en péché « mortel. »

Nous verrons dans la suite qu'il garda ses résolutions et qu'il leur fut fidèle jusque dans la mort.

Au temps de sa première communion, le jeune

Charles fut remarqué par M. l'abbé Dandé, vicaire général du diocèse.

Vers 1830, ce vénérable prêtre avait quitté Chauvé, où il était à la fois curé de la paroisse et supérieur du petit collège ecclésiastique, pour devenir l'auxiliaire de Mgr de Guérines.

Désirant avoir un enfant pieux et docile pour lui servir la messe, il s'adressa aux Frères de la Doctrine chrétienne. Ceux-ci, qui avaient découvert dans le jeune Charles les indices d'une vocation sacerdotale, s'empressèrent de l'offrir au nouveau grand-vicaire. L'ecclésiastique si distingué que M. de Courson appelait « le trésor du diocèse de Nantes » ne tarda pas à remarquer l'enfant qui lui avait été recommandé. L'exactitude de Charles et son zèle dans l'accomplissement de ses petites fonctions, les aptitudes peu communes qu'il montrait pour la science, sa piété, sa dévotion surtout à la sainte Vierge étaient autant de titres qui devaient lui mériter l'affection de M. l'abbé Dandé.

C'est ainsi que la Providence, qui dirige toutes choses selon ses secrets desseins, ménageait à Charles Goudé dans la personne de M. Dandé un père et un ami qui le conduira, pour ainsi dire, par la main pendant plus de la moitié de sa carrière.

A mesure que le maître connut mieux son disciple, il lui témoigna plus d'intérêt. Ce dernier, enhardi par tant de bonté, vint un jour ouvrir son âme tout entière à son protecteur et lui exprima l'ardent désir qu'il avait d'être prêtre. Convaincu qu'il y avait en cet enfant une véritable vocation sacerdotale, M. Dandé n'hésita pas à accueillir favorablement ses confidences ; et, sans retard, il songea à lui faire commencer ses études classiques. Tout naturellement le vicaire général se souvint du petit collège de Chauvé dont il avait été supérieur ; il résolut d'y envoyer Charles Goudé.

Lorsque l'enfant eut fait connaître à ses parents ses aspirations, ceux-ci, envisageant chrétiennement le sacrifice que Dieu leur demandait, y consentirent sans hésiter et Charles quitta Nantes pour aller à Chauvé.

C'était en 1835 ; il avait alors treize ans. La séparation lui fut très pénible, si nous en jugeons par une pièce de vers : « *Le départ pour Chauvé* » qui porte la date de 1836. Il l'accepta cependant avec courage, pour obéir à la voix du Dieu de sa première communion qui, en ce jour, lui avait parlé dans l'intime du cœur.

> Une voix m'avait dit : Va vers une autre terre,
> Quitte, enfant, tes parents ; un jour, du sanctuaire
> Tu franchiras le seuil. . . . .
> . . . .
> Qui dira de ces mots la puissance divine ?
> Soudain mon avenir s'éclaire, s'illumine ;
> Sous ce rayon ma foi découvre un but certain ;
> Je crois que, descendu de la céleste voûte,
> Un ange à mes côtés, compagnon de ma route,
> Pour assurer mes pas me prenait par la main.

Ainsi le souvenir du sacerdoce viendra souvent ranimer son courage lorsque la pensée de sa mère absente menacera de le faire défaillir.

M. Dandé craignait les dangers que l'isolement ferait courir à la trop sensible nature de son petit protégé. « J'ai à Chauvé, lui dit-il, un jeune « cousin. Il s'appelle Louis Jannin [1]. C'est un « bon enfant, devenez son camarade ; il vous « aidera et vous réjouira. »

Louis Jannin n'avait que deux ans de plus que

---

[1] M. Jannin, Louis, né en 1820 au Puizet-Doré (Maine-et-Loire), act ellement curé des Tuffeaux.

Charles Goudé et entrait avec lui en septième.
Entre les deux amis la connaissance fut vite faite,
Aussi les verrons-nous s'unir d'une étroite
amitié, d'une amitié indestructible comme le sentiment qui en fut le principe. L'un et l'autre
devinrent prêtre ; et, quoique placés dans deux
diocèses différents, ils ne cessèrent, pendant plus
de quarante-cinq ans, d'entretenir une correspondance et des relations suivies.

C'est, sans doute, de cette amitié que Charles
Goudé veut parler dans la pièce de vers citée plus
haut, lorsqu'il dit :

> Heureux qui t'a trouvé, doux trésor de la vie,
> Charme des jeunes ans, force de l'âge mûr,
> Appui consolateur que la vieillesse envie,
> Aux maux dont nous souffrons, remède le plus sûr !

Quels furent ses succès au début de ses études,
les notes écrites par lui plus tard nous permettent de le soupçonner.

« Pendant mes premières années de collège, y
lisons-nous, on remarqua toujours en moi beaucoup d'ardeur pour le travail. J'eus des succès
dans mes études, l'amitié de mes maîtres, les

égards de mes condisciples et surtout les atten-
tions très particulières du bon curé de Chauvé[1]. »

Si ses facultés intellectuelles se développaient
rapidement, sa piété se développait plus rapidement encore. « Je me sentais, ajoute-t-il plus
loin, vivement attiré vers Dieu et les choses de
la piété. Notre-Seigneur, par un excès de sa
miséricorde, me rendait douce et facile la pratique de mes devoirs, par les consolations sen-
sibles qu'il répandait dans mon âme. Elles se
manifestaient souvent au dehors par une grande
abondance de larmes, surtout lorsque je faisais
la sainte communion. »

Telle était, à treize ans, cette jeune et frêle
nature « portée à la mélancolie, d'une extrême
sensibilité et tout à la fois passionnée pour les
jeux bruyants du collège. » Dieu veillait sur son
serviteur et le préparait de loin à monter au
saint autel. De son côté, et à l'exemple de son

---

[1] Cet excellent curé dont il fait l'éloge est M. l'abbé
Guihal, actuellement encore supérieur. Tout le diocèse de
Nantes le connaît, et les générations qu'il a vu passer dans
sa maison gardent de lui un précieux souvenir.

divin modèle, Charles s'efforçait de « croître chaque jour en science et en sagesse [1]. »

Charles, après ses premières vacances, était revenu joyeux, pour entrer en sixième. Il était à tel point supérieur à tous ses condisciples que personne ne songeait à lui disputer la première place.

On touchait à la fin de 1836. Chauvé, ayant perdu son maître d'école, plusieurs familles vinrent demander à M. le curé de prendre lui-même sa place et de rendre à leurs enfants le bienfait de l'instruction dont ils étaient privés pour longtemps peut-être. M. l'abbé Guihal ne pouvait faire face à des occupations si multiples : la surveillance de son petit collège et la direction des âmes dont il avait charge l'occupant depuis le matin jusqu'au soir. Il avait pourtant vivement à cœur de satisfaire une demande si légitime et si en harmonie avec ses goûts ; mais il se sentait dans l'impuissance de le faire. Il hésitait, partagé entre deux sentiments contraires, lorsqu'un expédient se présenta à son esprit.

[1] S. Luc, ii. 52.

Il annonça donc, à la satisfaction générale, que l'école serait ouverte dans quelques jours et choisit, pour la faire, Charles Goudé. Tous les petits Chauvéens, fidèles à son appel, vinrent se ranger autour d'un enfant de quinze ans à peine. Le professeur improvisé réussit au delà de toute espérance et, malgré son âge, il sut, dès le début, se rendre maître absolu de la position. Ce fut chose vraiment admirable que de voir, pendant deux années consécutives, notre jeune maître s'asseoir une heure chaque jour au milieu d'une troupe écolière espiègle et tapageuse, et lui inspirer une crainte mêlée autant d'affection que de respect. Sa patience, bien des fois mise à l'épreuve, demeura toujours inaltérable. Il s'essayait pour l'avenir et donnait déjà, en quelque sorte, la mesure de ce qu'il saurait faire plus tard. L'école finie, il retournait se mêler aux travaux ou aux jeux de ses condisciples qui, depuis lors, le gratifièrent joyeusement du nom de *Magister*.

Après trois années passées à Chauvé, il lui fallut songer à quitter cette chère maison. Il venait de terminer sa cinquième. Que de regrets n'éprouva-t-il pas au moment de se séparer de

son vénéré supérieur, de celui que plus tard,
il aimait tant à appeler « le bon curé de Chauvé! »
Souvent sa pensée se reporta vers cette maison,
vers les maîtres dévoués qui l'avaient entouré de
leurs soins et surtout vers son excellent ami,
Louis Jannin, qu'il ne devait plus revoir qu'à de
rares et courts intervalles.

CHAPITRE II

Le collège de Guérande (1838-1842).

Les regrets qu'éprouva Charles Goudé en quittant Chauvé furent tempérés par la pensée de rentrer à Nantes pour ne plus en sortir, au moins d'ici longtemps.

Il allait revoir sa famille, sa mère surtout, et cela avec la douce perspective de rester désormais auprès d'elle.

Ne semblait-il pas en effet naturel qu'il continuât ses études dans cette ville, foyer central de l'éducation pour le diocèse, où se trouvaient en même temps réunis les objets de ses plus chères affections. Telles étaient les pensées de Charles, telles les espérances de sa mère.

Cependant la Providence en avait décidé autrement. Il devait aller à Guérande pour y passer quatre années. M. Dandé était de cet avis et il allait obtenir, à nouveau, de la mère et du fils, qu'ils consentissent à accepter le dur sacrifice de la séparation. C'est que la santé de Charles inspirait certaines inquiétudes : M. Dandé croyait qu'elle se fortifierait à l'air salubre des bords de l'océan.

A l'époque dont nous parlons, le voyage de Nantes à Guérande était long et difficile; aussi le jeune écolier s'en effrayait-il à mesure qu'il voyait approcher le mois d'octobre, époque fixée pour la rentrée. Mais, ce fut bien autre chose, lorsque vint le jour du départ. De Nantes à Saint-Nazaire la traversée en bateau à vapeur durait quatre heures au moins. Cette traversée, par une froide matinée d'octobre, n'avait rien de séduisant. Une fois à Saint-Nazaire, bourgade alors très chétive, les enchantements n'augmentaient guère. Puis on s'engageait sur la route de Guérande. La sévérité du paysage, l'âpreté de l'air, l'extérieur si grave des habitants, leur costume pittoresque mais étrange, tout cela, paraît-il, produisit sur le jeune exilé une impression trop forte. Enfin le séminaire lui-même, ce vieux monastère, avec ses toits immenses, ses murs salpêtrés, son aspect austère et sombre, lui inspirait en ce moment une terreur secrète.

Dans les premiers mois de son séjour à Guérande, il contemplera souvent le spectacle de l'océan qui déroule à l'horizon l'immensité de ses flots. Il prendra plaisir à voir tour à tour paraître et disparaître dans la haute mer les blanches voiles des bateaux de pêcheurs. Mais les sombres journées de novembre, les sinistres tempêtes si fréquentes à cette époque de l'année, les rafales qui soulèvent le sable, l'amoncellent pour le précipiter ensuite en violents tourbillons, tous ces déchaînements de la nature courroucée lui feront regretter le ciel plus clément de sa chère ville de Nantes.

« Les premiers mois que je passai dans ce séminaire, écrit-il, furent rudes. J'éprouvais une sorte de dégoût instinctif pour tout ce qui tient à la vie de travail, d'ordre et de silence. »

Telles furent les premières impressions de Charles Goudé à son arrivée à Guérande. Nous verrons bientôt qu'elles ne tardèrent pas à se modifier. Des liens puissants l'attacheront étroitement à cette maison.

Le petit séminaire avait alors pour supérieur M. l'abbé Olivaud, et la classe de quatrième, où entrait notre jeune Nantais était dirigée par M. Besnard [1]. Mais celui que Charles aima d'un amour de prédilection, fut M. Demouy [2], M. Demouy qui devait exercer sur lui la plus heureuse influence. Ce saint prêtre, dont le nom est gravé, avec le souvenir de ses bienfaits, dans le cœur de tous les anciens élèves, venait de rétablir la congrégation de la Sainte-Vierge précédemment désorganisée. Charles en fut un des premiers membres. « J'eus la joie, écrit-il, d'y être reçu. « Alors s'ouvrit pour moi une ère nouvelle. La « congrégation fut vraiment la cause de tout le « bonheur dont j'ai joui depuis ce moment au « séminaire. »

Quelques mois après son arrivée à Guérande, écrivant à Louis Jannin qui continuait ses études à Mongazon [3] : « Prends part à ma joie, mon

---

[1] M. Besnard, en quittant Guérande, devint vicaire à Vieillevigne. Puis de là il retourna en Normandie, son pays natal, où il mourut.

[2] M. Demouy était professeur de seconde.

[3] Petit séminaire du diocèse d'Angers.

« bien cher, lui disait-il. Je fais partie de la con-
« grégation de la Sainte-Vierge. Ne m'oublie pas
« auprès de Marie afin que je sois un fervent
« congréganiste. »

Sous le regard de Marie il forma plusieurs amitiés qui durèrent autant que sa vie, amitiés douces et fortes comme celles qui unissaient David et Jonathas et ne faisaient d'eux qu'une seule âme [1]. Montaigne, dans la langue naïve du XVIe siècle, disait de ces amitiés « qu'elles unissaient plusieurs âmes dans une seule vie sans qu'il leur fût possible ensuite de retrouver la *saincte cousture* qui les a *joinctes* d'abord, ni de rompre l'*estreincte* d'un nœud si pressé et si durable [2]. »

Parmi ceux de ses condisciples avec qui il se lia plus particulièrement à Guérande, le premier dans son affection fut Charles Laborde, celui qui devait devenir l'évêque de Blois. Pendant plus de quarante années, ils échangèrent, sans interruption, une série de lettres qui forme une volumineuse correspondance. Malheureusement nous

[1] I Reg., XVIII, 1.
[2] Montaigne. L. I, ch. XXVII.

n'avons aucune de celles que Charles Goudé envoya à son ami. A la demande que nous en fîmes
à Sa Grandeur, elle nous répondit : « Je regrette
« plus que je ne puis le dire de n'avoir conservé
« aucune de ses lettres. Son esprit et son cœur
« s'y révélaient tout entiers. J'aimais à les relire
« pour y puiser selon les besoins de mon âme,
« force et courage, lumière et consolation. »

Puis bientôt après, M. de Tréméac [1], M. Gus-
tave Sarrebourse d'Audeville [2], M. Maucler [3],
M. Picaud..... [4] partagèrent cette amitié.

Cependant Louis Jannin, le plus ancien de ses
amis, garda toujours dans son cœur une place de
choix. Au sortir de la quatrième, la première joie
de ses vacances fut de le revoir. Les belles journées passées avec lui ! Que d'oiseaux pris à la
pipée, au milieu des taillis ! Que d'interminables
promenades à l'ombre des bois ! Travailleurs
encore plus joyeux qu'intrépides, quand venaient

[1] Curé de Chantenay.
[2] Maintenant à Saint-Denis-du-Sig, province d'Oran
(Algérie).
[3] Curé de Savenay.
[4] Mort curé de Saint-Sébastien.

les vendanges, ils étaient les premiers à cueillir les raisins sur les riants côteaux de Saint-Rémy. Le soir venu, au milieu de la famille fatiguée des travaux du jour, Charles intéressait ses hôtes en leur répétant les chants naïfs et mélancoliques de la Bretagne.

De retour à Guérande, au commencement de son année de troisième, l'écolier se reportait à ces agréables parties. « Ton souvenir, écrivait-il à « son ami, est sans cesse présent à ma pensée et « me rend encore plus sensible ton éloignement. « Que de fois pendant mon sommeil, je rêve aux « jeux et aux plaisirs de Saint-Rémy! Croiras-tu « que pendant cinq jours, j'ai fait tous mes efforts « pour t'oublier, sans pouvoir y parvenir! J'es- « père cependant que ma retraite m'aura été pro- « fitable et que Dieu m'en tiendra compte. Com- « ment d'ailleurs résister à l'éloquence persuasive « du P. Bellefroy! [1] »

Puis il lui parle des travaux de la classe de troisième. « Notre professeur, M. Cottineau [2] nous « fait traduire les plus beaux morceaux de Virgile

[1] P. Jésuite mort à la résidence d'Angers.
[2] Depuis curé du Pellerin.

« que je savoure à longs traits. Quant aux ma-
« thématiques, j'y prenais goût au commence-
« ment; mais les *fractions continues,* véritable
« *nœud gordien,* m'ont un peu refroidi. »

Cette antipathie naturelle qu'il avait pour l'étude
des mathématiques s'accrut encore lorsqu'arrivé
en seconde il lui fallut étudier l'algèbre. « Dans
« ces vastes champs algébriques, écrivait-il, je
« ne rencontre partout qu'une brillante obscurité.
« Que de vicissitudes depuis le commencement de
« l'année! Je suis le premier de trois points;
« mais qu'est-ce que cela pour faire face à la
« composition d'algèbre, faculté où mon adver-
« saire n'a point de rivaux! Je viens d'être
« chargé de m'occuper de la musique et ceci s'har-
« monise mieux avec mes goûts; aussi je me
« donne de tout cœur à la préparation de nos
« fêtes en mettant à l'étude des motets superbes. »

Charles Goudé était à Guérande ce qu'il avait
été à Chauvé, aussi bien pour le travail que pour
la piété. Un extérieur modeste et recueilli, des
succès plus qu'ordinaires dans les compositions
où il obtint toujours les premières places, un
maintien à la fois calme et réservé lui donnèrent

une grande influence autour de lui. Il avait même, à son insu, un irrésistible ascendant sur ses camarades, au point qu'il devint pour eux et demeura, pendant tout son petit séminaire, un puissant modérateur en même temps qu'un excellent et précieux ami. A ce propos, nous devons citer un fait capable de faire apprécier dans quelle mesure il jouissait de l'estime universelle.

Une querelle de jeu divisa le collége de Guérande en deux camps. On discuta un peu et on cria beaucoup pendant plusieurs récréations sans pouvoir s'entendre. Bientôt les têtes s'échauffèrent ; on était prêt d'en venir aux mains. Le supérieur et M. Demouy, se voyant impuissants à conjurer l'orage, donnèrent à Charles la mission d'apaiser les esprits. Bien que ce ne fût pas chose facile, il réussit cependant à merveille et pacifia, dès la première entrevue, et les chefs de la révolte et tout le parti des révoltés.

Laissons maintenant la parole à ses anciens condisciples ; mieux que nous ils sauront l'apprécier à sa juste valeur. « Je ne vous appren-« drai rien, nous écrivait Mgr de Blois, en vous « disant que ce cher ami a exercé la plus douce et

« la plus heureuse influence au petit séminaire
« par ses exemples et par son bon esprit. Comme
« élève, il fut toujours à la tête de sa classe et
« remporta constamment les plus brillants suc-
« cès. » Vient ensuite le témoignage de M. Maucler qui fut également son condisciple et qui,
depuis, est toujours demeuré son ami. « Nous le
« considérions, dit-il, comme notre modèle. Je ne
« crois pas que jamais il ait donné quelque sujet
« de plainte à l'un de ses professeurs. Il était
« plutôt pour eux un auxiliaire très apprécié, à
« cause de son bon esprit et de l'autorité qu'il
« avait sur nous. A nos yeux, il était le *Sage* par
« excellence; et nous n'aurions pas osé, en sa
« présence, critiquer les actes de nos supérieurs,
« certains que nous étions qu'il ne nous aurait
« pas donné son approbation. »

Mais c'est surtout à la congrégation de la très
sainte Vierge dont il fut successivement *membre*
et *dignitaire* et dont il devint *préfet*, que nous
aurons occasion de l'admirer. Il était là dans son
véritable élément. Sa dévotion à Marie, chaque
jour croissante, devait atteindre sous peu son
complet développement et comme une sorte de

brillante floraison. « Ce qui dominait en lui,
« de l'aveu de tous, nous écrit-on, c'était son
« amour pour la sainte Vierge. Choisi comme
« préfet par le bon M. Demouy, on peut dire qu'il
« fut son bras droit pendant tout le temps de son
« séminaire. Avec quel zèle il remplissait ses
« fonctions de *moniteur*, auprès de ceux des con-
« gréganistes qui paraissaient disposés à s'oublier
« ou à enfreindre la règle ! Que de fois n'avons-
« nous pas eu recours à ses conseils dans nos
« démêlés avec nos professeurs ou nos petites
« querelles entre nous ! Et toujours il trouvait
« quelques bonnes paroles pour nous apaiser et
« nous remettre dans le droit chemin..... Son
« refuge habituel, c'était sa chapelle de congré-
« gation. »

Souvent il viendra s'y agenouiller aux pieds de
Marie pour puiser les grâces dont il aura besoin.
Là, son cœur s'épanchera fréquemment dans celui
de sa *bonne Mère;* et, son avancement dans la
science, ses brillants succès, l'influence à la fois
bienfaisante et extraordinaire qu'il exerça sur ses
condisciples, en un mot toutes les qualités de l'esprit et du cœur, il les devra, comme il aimera à

le reconnaître, à sa bonne et puissante protec-
trice.

« C'est surtout, lisons-nous dans ses Mémoires, pendant les deux dernières années que je
passai à Guérande que je sentis en moi une
ardeur dont je ne me croyais pas capable. J'étais
porté d'un si violent amour vers Marie, qu'elle
était l'objet continuel de mes pensées. Je ne pouvais m'empêcher d'en parler et j'aurais voulu que
tous les cœurs eussent ressenti pour elle l'amour
dont le mien brûlait..... Mon bonheur était à son
comble lorsque j'étais dans sa chapelle..... »

Mais ici-bas les joies ne sont pas sans mélange;
la Providence sème l'adversité dans le chemin de
la vie, pour nous éprouver et nous épurer tout à
la fois. Charles était au milieu de son année de
seconde, lorsqu'une lettre de Nantes vint lui annoncer la mort de son père. Il avait succombé, le
11 mars 1841, à une lente et douloureuse maladie.

A cette nouvelle, Charles courut se réfugier
dans sa chapelle de congrégation. « Il s'y ren-
ferma, nous dit un de ses anciens condisciples,
pendant toutes les récréations de la journée;

en sorte qu'il ne nous fut pas possible, malgré notre désir, de lui exprimer la part que nous prenions à sa peine. »

Quelques jours après, il écrivait à son ami d'Angers une touchante lettre. « J'étais bien loin, « lui disait-il, de prévoir le coup dont j'ai été « atteint ; mais le malheur ne nous avertit pas « avant de nous frapper. Je n'ai plus de père, « mon cher Louis. Dieu a voulu mettre un terme « à ses souffrances en l'appelant à lui. Je ne te « dirai point quelle fut ma douleur lorsqu'on « m'annonça cette nouvelle. Je n'avais pas une « larme, à ce moment, pour soulager mon cœur « oppressé. J'ai trouvé dans mon professeur un « ami qui a compati à ma peine et m'a consolé. « Enfin ma pauvre mère m'a décrit les derniers « instants de ce bon père. Alors j'ai élevé mon « cœur vers Dieu et accepté le sacrifice avec rési- « gnation. Prie, mon bon ami, pour mon père ; « prie notre Père à tous les deux, et celle que « nous avons choisie au ciel pour notre Mère « commune. »

Les vacances qui suivirent cette perte furent pénibles pour Charles Goudé. Saint-Rémy et

Louis Jannin ne le virent point venir. Une lettre pressante arrivait pourtant au commencement de septembre. « Ce qui me retient, mon bien cher « ami, répondit-il, c'est ma mère. Je n'aurais « qu'à parler et elle me verrait avec bonheur « quitter Nantes, dans l'espérance que je trou- « verais ailleurs ce qui me manque ici : la joie ; « mais je sens qu'elle a besoin de moi. Je ne puis « la quitter. Nous ne nous verrons donc pas cette « année. Pauvre prévoyance humaine ! L'homme « propose et Dieu dispose ; rien n'est plus « vrai. »

Jamais Charles n'avait passé de si tristes va- cances ; aussi accueillit-il avec joie le jour de la rentrée. A la première réunion des congréga- nistes, il fut élu préfet. Louis Jannin venait d'ob- tenir la même distinction au petit séminaire d'Angers. « Je goûte ici, écrivait Charles à son « ami, une joie et une paix intérieures que je « n'avais pas ressenties depuis longtemps. Quel- « quefois mon cœur n'est pas assez grand pour la « contenir, il faut qu'elle se répande à l'extérieur. « Mais quelle est la cause de cette joie ? Ah ! mon « bien cher, je ne veux pas te la laisser ignorer.

« *Notre Mère* a fait de grandes choses parmi
« nous. Son nom est béni et honoré, ses louanges
« chantées avec enthousiasme, près de quarante
« congréganistes s'efforcent de marcher sur ses
« traces, des esprits s'occupent uniquement de sa
« gloire, la charité, la paix et l'union règnent au
« milieu de nous ; voilà son ouvrage. N'en est-ce
« pas assez pour faire bondir de joie le cœur d'un
« véritable enfant de Marie ? Oui, c'est bien de
« Marie qu'on peut dire : *Causa nostræ lætitiæ!*
« Dans ses fêtes, elle donne à mon cœur d'heu-
« reux instants, de douces émotions, d'amoureux
« transports. On dit que la route du ciel est épi-
« neuse et difficile ; en vérité je serais tenté de
« n'y pas croire, ou de m'en croire bien loin.
« Mais pourquoi n'es-tu pas ici? Tous deux nous
« serions heureux du bonheur l'un de l'autre,
« heureux tous deux au service de Marie. »

Puis il termine sa lettre en annonçant que sa
chère cathédrale de Nantes va recevoir de belles
cloches. Il les entendra aux prochaines vacances
et il veut que son ami vienne écouter avec lui leurs
sons harmonieux.

Cependant la maladie visitait souvent Charles

Goudé. Des migraines, qui redoublèrent plus tard de fréquence et d'intensité, l'assaillaient au milieu de ses études. Ses places dans les compositions durent quelquefois en souffrir. Mais, surmontant avec son énergie habituelle toutes les souffrances corporelles, inséparables de la condition humaine, et réagissant contre l'abattement qu'elles produisent, il se défendait hardiment dans les luttes intellectuelles que lui livraient ses adversaires.

Vers la fin du mois de janvier 1842, des névralgies persistantes, accompagnées de fièvres périodiques, l'obligèrent à retourner à Nantes, pour prendre quelque repos au sein de sa famille.

Son départ causa d'unanimes regrets. Nombre de lettres arrivèrent à Nantes de Guérande et d'Angers pour faire prendre patience au pauvre malade et faire diversion à ses souffrances, en adoucissant les ennuis de la séparation. « Quand « donc, lui écrivait l'un d'eux [1], t'arrachant des « bras de ta bonne mère, reviendras-tu au milieu « de nous? En attendant ce moment, tu me donnes « rendez-vous dans le cœur de Marie. Je m'y « trouverai pour la prier de te ramener bien vite

[1] Ch. Laborde.

« au milieu des congréganistes qui t'attendent. »
« — Depuis que tu es parti, lui écrivait Eugène
« Maucler, nous sommes comme un bateau sans
« gouvernail. Voici bien le temps de dire : pauvre
« navire ; la tempête t'assaille ; que deviendras-
« tu [1] ? » — « Puisque les ardeurs d'un travail
« immodéré, lui disait à son tour Louis Jannin,
« t'ont causé ce mal, que les douceurs d'un repos
« absolu y apportent promptement un remède salu-
« taire et rassurent mon amitié alarmée. »

Charles Goudé ne laissait pas sans réponse des
lettres si affectueuses. La pensée de sa congrégation, le désir d'orner le petit sanctuaire de Marie
et surtout la perspective de voir apparaître la
statue de la sainte Vierge sur la cour de Guérande, hâtèrent sans doute sa guérison et lui
donnèrent des ailes pour regagner le toit chéri du
petit séminaire.

« Après avoir passé un mois à Nantes pour
« rétablir ma santé, écrivait-il à Angers, j'ai pu
« voler vers Guérande et retourner à mes études.
« Ah ! qu'il est doux d'être aimé ! Je ne l'ai jamais
« mieux éprouvé que ce jour-là. Pourrais-je te

---

[1] Souvenir d'Horace. Ode xiv.

« dire toutes les marques de tendre affection dont
« j'ai été l'objet de la part de mes maîtres et de
« mes condisciples ! J'étais dans l'ivresse du
« bonheur. Aujourd'hui je n'ai plus à regretter
« que ton absence. Le poids des peines est double
« et le plaisir diminue de moitié quand ils ne sont
« pas partagés. J'aimerais tant à former avec toi
« de saintes ligues, de pieuses conspirations pour
« la gloire de Marie ! Mais puisqu'il en a été
« ordonné autrement, qu'un saint zèle cependant
« nous anime. L'identité de nos fonctions et de
« nos dignités nous oblige à rivaliser d'ardeur
« pour faire aimer *notre Mère...* Quel bonheur !
« nous allons avoir, sur notre cour, une statue
« de la sainte Vierge ! Quel beau jour que celui
« où l'on en fera l'inauguration ! Malheureusement
« le temps vole et je ne puis, sans douleur, penser
« au départ. A peine trois mois me séparent de
« la sortie. Ah ! mon cher ami, il n'y a point de
« bonheur sur la terre ! »

Son année de rhétorique allait finir ; il songea
à quitter Guérande. Mais, avant de partir, il devait laisser à cette maison un souvenir qui fût,
pour ainsi dire, le couronnement de toutes les

joûtes littéraires dans lesquelles il avait brillé.

A Guérande, comme dans plusieurs maisons d'éducation, la solennité de la distribution des prix commençait par trois ou quatre discours que prononçaient de jeunes rhétoriciens. On appelait ces discours les *plaidoyers*. Cette année (1842) le sujet des plaidoyers était le suivant : *Quel rang la Bretagne doit-elle obtenir parmi les différentes provinces de France ?*

Charles Goudé fut chargé de défendre la cause de la Bretagne. Rien n'était plus en harmonie avec ses idées et ses goûts. Aussi fut-il heureusement inspiré, et développa-t-il avec talent ce qu'il y a de généreux et de fier dans le caractère breton. Son éloquent discours lui valut les félicitations de M. de Courson qui, en qualité de vicaire général honoraire, présidait la distribution des prix.

Notre jeune rhétoricien avait alors vingt ans. A cet âge, les joies sont vives et les peines passagères, les amitiés simples et faciles à contracter. Franc et ouvert par nature, sans égoïsme dans les rapports et sans passion dans les affections, plein d'une charitable affabilité pour ses condis--

ciples, Charles Goudé s'attachait à tous et attachait chacun à lui. Plus tard ces souvenirs, qu'il
aimera à se rappeler, lui feront regretter les belles
années du collège. Pourquoi faut-il que le temps
rapide les emporte si tôt, et que nous n'en sen-
tions jamais mieux le prix que lorsqu'elles ne
sont plus !

Ce ne fut pas sans verser des larmes que
Charles quitta Guérande. Avant son départ il fit
de touchants adieux à son supérieur et à ses
maîtres ; puis il visita chacun des lieux où il
avait coulé de si heureux jours, jours que ne
troublaient encore ni les inquiétudes du présent,
ni les soucis de l'avenir.

Ses derniers adieux furent pour sa petite chapelle de congrégation. Dans les quelques instants
qu'il passa aux pieds de l'image de sa *bonne Mère
du ciel,* une prière de reconnaissance s'échappa
de son cœur. Il la traduisit dans une petite pièce
de vers écrite à la demande d'un ami. Nous en
avons lu quelques fragments et nous pouvons dire
qu'elle est suave comme le sentiment de gratitude
qui l'inspira et ardente comme les élans d'une
âme pure, aimante et généreuse.

CHAPITRE III

Le séminaire de Philosophie (1842-1844).

La vie sérieuse allait commencer pour Charles
Goudé. Aussi les vacances qui suivirent son année
de rhétorique furent-elles toutes remplies et par
les souvenirs du passé et par les préoccupations
de l'avenir. « Je viens de quitter Guérande, écri-
« vait-il à Louis Jannin, et je crois que les
« regrets que j'éprouve surpassent encore ceux
« que j'éprouvais lorsque je partis de Chauvé.
« Oui, mon cher Louis, j'ai été à Guérande
« inondé de bonheur. Je ne crois pas qu'il y en
« ait jamais de plus grand, au ciel excepté. C'est
« à Marie que je dois tout, plaisirs et succès.
« Aide-moi à l'en remercier. On me propose une
« autre maison à Nantes, véritable terre promise
« où coulent le lait et le miel. Puissé-je y retrou-

« ver Guérande ! Le temps approche où nous
« allons nous revoir. Que de choses j'ai à te dire !
« De quels agréables entretiens les bois et les
« prairies de Saint-Rémy vont être témoins. »

Ces deux cœurs d'amis battaient bien à l'unis-
son. Quelques jours après, en effet, Louis Jannin
lui répondait : « Avec quelle impatience j'attends
« le jour où la voiture t'amènera ici. Qu'ils seront
« beaux les nuages de poussière précurseurs de
« ton arrivée !... Ah ! cher ami, nos sentiments
« sont bien les mêmes. Ce que tu éprouves à ton
« départ de Guérande, je le sens en quittant le
« petit séminaire d'Angers. J'ai trouvé dans cette
« maison, au service de celle que nous nous plai-
« sons à appeler *notre Mère*, un bonheur tel,
« que je n'en rencontrerai peut-être jamais d'aussi
« grand. »

Chaque année, à peu près, Charles Goudé visitait aussi Charles Laborde, à l'époque des va-
cances. « Il était alors, nous écrivait Mgr de Blois,
« tel que je l'avais connu au collège, aussi
« aimable, aussi dévoué, aussi pieux. La visite
« au saint Sacrement, le chapelet, l'office de la
« sainte Vierge trouvaient toujours leur place au

« milieu de nos occupations et de nos prome-
« nades. »

Les jours avaient marché vite. Déjà on avait parcouru la première moitié du mois d'octobre. Charles devait prendre une décision de laquelle dépendrait son avenir. Ses brillants succès litté-raires le plaçaient tout naturellement parmi ceux qui devaient songer à la préparation immédiate des examens universitaires. D'un autre côté l'idée du sacerdoce le poursuivait sans cesse, et l'espé-rance de réaliser en lui l'œuvre de Dieu éclairait sa route et soutenait son courage.

En 1826, M. l'abbé de Courson, de si douce mémoire, avait fondé son séminaire de philoso-phie. La pensée qui avait présidé à cette création avait été de préparer les jeunes gens au bacca-lauréat, tout en ménageant à ceux qui se sen-taient attirés vers le sacerdoce, les secours pré-cieux d'une direction plus sérieuse. C'était une sorte d'initiation à la vie cléricale, un trait d'union entre le collège et le grand séminaire.

Charles Goudé ne douta pas un seul instant que le programme du séminaire de philosophie ne fût en parfaite conformité avec les vues de la Providence sur lui. Aussi ne tardait-il pas à venir, présenté par M. Dandé, se mettre sous la direction de M. de Courson.

Le futur supérieur de la Compagnie de Saint-Sulpice était entouré de professeurs remarquables. M. Baudry, qui fut appelé à l'évêché de Périgueux, occupait alors la chaire de philosophie. Il venait de succéder à M. Paulin Arondineau [1], entré l'année précédente au séminaire d'Issy pour faire à la Solitude son année de probation. L'enseignement de la physique était confié à M. Yves Leber, jeune prêtre également recommandable par sa science et par sa vertu.

Sa nouvelle demeure ne fit oublier à Charles ni Guérande ni sa chère congrégation. Il écrivait à M. Demouy au commencement de cette année scolaire : « Je suis assailli par l'ennui, la tris-« tesse et la mélancolie. C'est étrange qu'à Nantes « je ressente la peine de l'exil. » — « Mettez « toutes vos peines aux pieds du crucifix, lui « répondait M. Demouy ; c'est là seulement qu'on

[1] Paulin est le frère du célèbre Pierre Arondineau, mort en 1836, à la fleur de l'âge et lorsqu'il faisait concevoir les plus heureuses espérances.

« se console. La croix est un arbre arrosé d'amer-
« tume et pourtant il se couvre des fruits d'une
« sainte joie... Je viens, mon bien cher préfet,
« d'avoir notre seconde réunion à la congrégation.
« Si le bon Dieu a exaucé mes désirs, s'il a béni
« mes paroles, nous serons encore heureux cette
« année. Tous les congréganistes n'avoir qu'un
« cœur et qu'une âme pour aimer Jésus et Marie,
« et cela pendant dix mois, quelle pensée ! »

Du séminaire des philosophes, Charles Goudé
veillait sur ses anciens condisciples de Guérande
et sa douce influence franchissait l'espace. A l'un
il conseillait d'entrer dans la congrégation pour
conserver sa vertu, à l'autre il indiquait quelles
compagnies il devait fréquenter pour contreba-
lancer, par sa présence, une autre influence peut-
être dangereuse. C'était en un mot la continuation
des traditions du passé qu'il cherchait à perpétuer
par des procédés aussi délicats qu'ingénieux.

Louis Jannin, lui aussi, était au séminaire des
philosophes, à Angers, éprouvant les mêmes
peines et les mêmes difficultés au début de la vie
religieuse. Cependant les tristesses étaient passagères, et l'un et l'autre heureux du même bonheur,

celui de servir Dieu en suivant la voie que la Providence leur traçait, savouraient ensemble les joies que procure la vertu. Un seul regret leur reste : celui d'être séparés par un si long espace. Louis voudrait voir son ami entrer dans le diocèse d'Angers et il lui fait, à ce sujet, l'énumération de tous les titres qui justifieraient cette incorporation. « Que de liens, lui dit-il, te doivent « attacher à l'Anjou : ta famille des Ponts-de-Cé, « ton cousin curé à Saint-Lambert-des-Levées, « M. l'abbé Joubert, ton parent, vicaire général « de Mgr Angebault, enfin ton serviteur de Saint- « Rémy ! »

Charles Goudé fit longtemps attendre sa réponse. « Au moment où je t'écris, lui disait-il, « les huit cloches de la cathédrale se balancent « harmonieusement en répétant à tous les échos : « Noël ! Noël ! Mais, trève de poésie. Je ne jure « plus maintenant que par Leibnitz, Newton et « Descartes. Tu sais que la chicane ne m'a « jamais beaucoup souri ; aussi la première entre- « vue que j'eus avec ces messieurs ne fut-elle ni « des plus chaudes ni des plus cordiales. Cepen- « dant les impressions désavantageuses que

« j'avais de la philosophie n'ont pas tardé à s'ef-
« facer. Je l'ai même prise en affection. C'est
« qu'elle nous donne, en effet, de la profondeur
« dans les idées, agrandit notre âme et nous fait
« sortir de la matière. Enfin, je tiens qu'on ne
« peut être bon poète ni bon orateur si l'on n'est
« quelque peu philosophe. Mais je te quitte sans
« plus tarder. Songe donc, mon cher, que je porte
« sur mes faibles épaules le programme du bac-
« calauréat, vrai rocher de Sisyphe. J'ai grand
« peur de ne pas avoir la force de le rouler jus-
« qu'au haut de la montagne et d'être écrasé sous
« son poids. »

Au commencement de 1843, Charles envoya au
bon M. Demouy dix vers latins pour lui offrir
des souhaits de bonne année. A cette occasion, il
lui fit part des ennuis qu'il éprouvait fréquemment dans la sévère maison qu'il habitait.
M. Demouy ne manqua pas de lui prodiguer les
consolations qu'il puisait dans l'ardente charité
de son cœur sacerdotal. « Ne vous découragez
« pas, lui disait-il. Il a été un instant où Jésus
« n'avait plus que ses douleurs et sa croix. Et
« pourtant, il était le bois vert et vous êtes le bois

« sec. Jusqu'à présent, cher préfet, on vous a
« nourri de lait. Si l'on commence à vous donner
« des aliments plus solides, c'est qu'on veut vous
« rendre fort et faire de vous un homme de mor-
« tification, de sacrifices et d'abnégation. Courage
« donc ! la Providence n'aura pas toujours la
« verge à la main. »

A la lecture de ces lettres, Charles reprenait
courage. Bientôt la grâce triompha de la nature à
tel point que, n'ayant plus besoin de demander
des consolations, il put à son tour en donner.

Il parlait en effet d'abondance de cœur lorsqu'il répondait à son ami, agité lui aussi par les
inquiétudes. « A mon exemple, dépose toute
« crainte pour t'abandonner à la confiance. Ne te
« mets pas l'esprit à l'alambic. Tranquillement
« assis dans ma barque, j'en confie le gouvernail
« à Marie et je déploie ma voile au souffle de la
« grâce, espérant aborder au port sans naufrage.
« Je vais demander pour nous deux au Saint-
« Esprit ses lumières et ses bénédictions célestes,
« afin que nous devenions dignes de Jésus-Christ
« et de son Église, l'épouse qu'il nous destine. »
Quinze jours plus tard, il écrivait de nouveau

à Angers pour annoncer à son ami que M. de
Courson faisait, dans ses lectures spirituelles, une
suite d'études fort intéressantes sur la vocation
ecclésiastique. « Chacun, lui disait-il, est parti à
« la découverte ; chacun fouille les plis et les
« replis de son âme, interroge sa conscience et
« fait l'inventaire de tout ce qu'il a dans le cœur,
« bon et mauvais ; chacun se recueille pour écou-
« ter la voix intérieure indiquant le chemin qu'il
« faut suivre pour arriver au but. Mais il est bien
« difficile de distinguer cette voix amie au milieu
« du tumulte des passions. Que deviendrons-
« nous si Dieu ne se lève pour commander le
« calme, comme autrefois aux flots irrités ? Cher
« Louis, c'est maintenant qu'il faut redoubler nos
« prières à Marie. Unissons-nous pour faire vio-
« lence au ciel, afin que Dieu nous manifeste ses
« desseins sur nous. Et si nous avons été choisis,
« oh ! quel bonheur ! Heureux ceux qui habitent
« dans les tabernacles du Seigneur ! Mieux vaut
« être ignoré dans sa maison que de vivre sous
« la tente des pécheurs [1]. »

[1] Ps. LXXXIII.

Puis il termine sa lettre en lui faisant la description de la maison de campagne des séminaires [1]. « Tout s'y trouve réuni, lui disait-il.
« Que n'y viens-tu chaque semaine avec moi! elle
« me serait mille fois plus belle. Nous avons une
« chapelle, un petit monument à la sainte Vierge
« au fond d'un bosquet, des jardins, des étangs,
« une fontaine d'eau minérale, des ruisseaux
« ombragés, de fraîches vallées : vallée de la
« prière, vallée de la poésie, vallée des soupirs....
« Ce séjour enfin est tel qu'il surpasse les jardins
« enchantés d'Armide et les Iles Fortunées. »

Les vacances arrivèrent pour les philosophes ;
mais Charles Goudé ne pouvait pas encore se
reposer ; l'époque des examens approchait et il se
préparait laborieusement à les subir. Son directeur M. de Courson était allé, en qualité de
vicaire général, présider les distributions de prix
des collèges. Ce fut de la Ducherais qu'il écrivit
à Charles pour lui souhaiter le succès. « Marchez,
« mon bien cher enfant, sous l'aile de Marie.
« Ayez confiance en elle, invoquez-la de tout

[1] La Barberie.

« votre cœur et espérons que l'épreuve vous sera
« favorable. »

Tant de prières et de travail ne pouvaient pas
demeurer infructueux. Le 14 août 1843, Charles
Goudé recevait à Rennes le diplôme de bachelier
ès-lettres.

A cette nouvelle, ses amis lui écrivirent de tout
côté pour lui adresser leurs félicitations. « Te
« voilà donc bachelier, lui écrivait François
« Picaud. Encore un nouveau laurier ajouté à
« tant d'autres dont j'aimais à te voir couronné
« dans les beaux jours de Guérande! Tu as par-
« couru ta carrière littéraire avec honneur, tu
« viens de la terminer avec gloire. Je me réjouis
« avec toi et te souhaite, avec cette couronne, une
« autre couronne plus belle que j'espère partager
« au ciel avec toi [1]. »

La joie de Charles Goudé s'accrut encore.
M. de Courson l'invita à revêtir la soutane au
commencement de la rentrée de 1843. Puis, en
même temps, il l'avertit de se préparer à recevoir
la tonsure. « *Prope est Dominus omnibus invo-*

[1] M. Picaud n'a précédé M. Goudé dans la tombe que de
deux années.

« *cantibus eum in veritate* [1], écrivait Charles à
« son ami quelques jours avant l'ordination. Quel
« bonheur d'aller se consacrer au Seigneur dans
« son temple et recevoir une marque et un nom
« qui manifesteront au monde que je suis à Jésus-
« Christ ! Quand je jette un regard vers les
« temps passés et que je rapproche ce jour de
« celui où Dieu daigna, pour la première fois, me
« faire entendre sa voix, je ne puis m'empêcher
« de m'écrier : *Que votre Providence, Seigneur,*
« *est admirable ! Qui pourra jamais pénétrer*
« *les secrets desseins de votre conduite !* »

Ce fut dans ces sentiments que M. Goudé reçut
la tonsure, des mains de Mgr de Hercé, le 23 décembre 1843.

Depuis quelque temps déjà, la santé de M. de
Courson inspirait de vives inquiétudes. Il assista
pour la dernière fois à l'ordination de ses chers
philosophes, et quelques jours après, le 1er janvier 1844, il se dirigeait vers Lyon. Il allait
demander au beau ciel du midi le rétablissement
d'une santé que ses accablants travaux et le climat
brumeux de Nantes avaient gravement compromise.

[1] Ps. CXLIV.

M. l'abbé Féret, directeur au grand Séminaire, succéda à M. de Courson, et accepta en même temps la conduite des âmes confiées aux soins vigilants de son saint prédécesseur.

Notre jeune clerc ne tarda pas à sentir que si Dieu lui avait enlevé un père, ce n'était que pour lui en donner un autre, ni moins bon ni moins affectueux que le premier. Dans une lettre intime de son nouveau directeur qui porte comme en-tête la belle devise : « *Qui a Jésus a tout,* » nous voyons quels liens attachaient M. Féret à ses dirigés. « Vous avez, lui disait-il, « tous mes vœux, tout mon cœur. C'est malheu- « reusement peu de chose ; mais j'invoque sur « vous les saints noms de Jésus et de Marie, en « qui je suis votre serviteur, votre ami et votre « frère. »

Pendant la seconde année de son séjour au séminaire des philosophes, M. Goudé fut chargé du soin de la chapelle. Il remplit cet office avec les sentiments de religion qu'il savait mettre dans les moindres actions de sa vie.

Ayant appris par M. Dandé que son ami d'Angers avait lui aussi revêtu le saint habit, il

se hâta de l'en féliciter. « Que je ressens de bon-
« heur, lui écrivait-il, dans la pensée que nous
« parcourons tous deux la même carrière, que
« nos sœurs sont destinées à arroser et à fécon-
« der le même champ du Père de la grande
« famille et que Dieu a jeté les yeux sur nous
« pour une si grande œuvre ! En m'annonçant
« que tu avais pris la soutane, ton cousin [1] me
« disait en s'adressant à nous deux : C'est main-
« tenant, mes enfants, qu'il faut semer et souvent
« arracher. Ne vous contentez pas d'émonder ;
« coupez et déracinez le vieil arbre, sinon il
« croîtra de nouveau pour être stérile ou tout au
« moins pour ne produire que de mauvais fruits.
« Telles sont, mon cher, les leçons qu'il nous
« donne plus encore par ses exemples que par ses
« paroles.... Cette année je laisse de côté les
« abstractions de la philosophie pour savourer à
« longs traits saint Jean Chrysostôme, saint
« Augustin et l'Écriture sainte. Je voudrais
« n'avoir que ces fleurs à cultiver. Je passerais
« volontiers toute ma vie assis au banquet des
« Pères et des Écritures. »

[1] M. Dandé.

Ayant appris que M. Jannin avait reçu la tonsure à l'ordination de la Trinité, il lui écrivit au lendemain de ce jour. « Bien cher ami. Te voilà « donc aussi toi entré dans le sanctuaire, la tête « ceinte d'une couronne de gloire en même temps « que de sacrifice, puisqu'elle doit nous faire « ressouvenir que nous sommes des victimes choi- « sies et marquées, attendant, dans le vestibule « du temple, le moment d'être immolées au Sei- « gneur. Ah ! qu'il est doux d'être au Seigneur ! « Avec quel bonheur on répète ces consolantes « paroles : *Dominus pars hæreditatis meæ...!* « Je ne veux te faire aucune mention de mes « études chimiques et physiques ; tu sais que, « par malheur, je n'entends rien à ces choses. »

Nous devons, en effet, le reconnaître : les sciences positives et naturelles, la philosophie elle-même n'eurent jamais beaucoup d'attrait pour M. Goudé. Nous ne pouvons que le regretter. Ces sciences ne sont-elles pas le complément néces- saire et le couronnement des humanités ? « C'est, pour nous servir des belles paroles de « Lacordaire, l'œil qui regarde, qui scrute, qui « compare, qui réfléchit, qui attend et saisit la

« lumière, qui ajoute aux siècles passés le poids
« des siècles nouveaux ; et, sentinelle patiente du
« temps, arrache pièce à pièce à l'univers ses
« éternels secrets. » Quelle n'est donc pas l'importance de ces sciences dans la vie humaine qui semble recevoir de leur étude son dernier et complet développement !

L'antipathie du jeune étudiant pour les abstractions de la philosophie, avait peut-être une cause purement physiologique. Son cerveau surexcité par de continuelles migraines lui rendait très pénible la tension d'esprit qu'exige l'étude de ces sciences.

Enfin les vacances arrivèrent. Elles lui permirent de fermer pour toujours des livres qu'il n'avait jamais ouverts que par devoir. Ce fut vers le mois d'août de cette année que M. Goudé put diriger ses pas vers l'Anjou. Il avait hâte d'embrasser M. Jannin, doublement cher à son cœur d'ami, depuis cette consécration cléricale qui le rendait son confrère et son égal dans la maison du Seigneur.

CHAPITRE IV

**Le grand séminaire. — M. Goudé est nommé Directeur
au collège de Notre Dame-des-Couëts (1844-1848).**

Au mois d'octobre 1844, le grand séminaire
ouvrait ses portes pour M. Goudé. Il y aspirait
depuis longtemps ; ce fut avec joie qu'il y entra.
Il allait respirer à son aise au sein d'une atmosphère imprégnée de la piété la plus vraie et la
plus solide.

Le grand séminaire, cette admirable invention
de l'Église, est bien l'institution disciplinaire la
plus haute et la plus autorisée qui se puisse concevoir. A cette école de probation, sainte comme
un temple et redoutable comme un sanctuaire, la
vertu s'essaye et se fortifie. Là, Dieu se rapproche de la créature privilégiée qu'il daigne appeler à lui. Il lui manifeste, dans le silence du
travail et le recueillement de la prière, tous les

secrets de sa divine économie; lui donne, dans l'étude approfondie de ses dogmes et de sa morale, une nourriture substantielle et pure; la revêt enfin de son divin sacerdoce et épuise, pour elle, en quelque sorte, les trésors de son amour et de sa puissance avant de lui confier la conduite des âmes et la garde des sacrements.

Au moment où M. Goudé entrait au grand séminaire, M. Morel était supérieur. C'était un homme d'une vertu antique et d'une rare austérité. Jamais il ne sortait, et toutes ses heures étaient partagées entre la prière et l'étude. Il n'était pas seul, paraît-il, à ressentir les effets des rudes mortifications qu'il s'imposait; mortifications sans lesquelles il avait peine à concevoir la possibilité de la vie chrétienne. Quoiqu'il en soit, sa conduite était plus qu'une simple prédication pour les séminaristes, qui redoutaient fort son aspect monastique de la plus stricte observance.

Notre jeune clerc eut-il, au premier abord, peur d'un homme de la trempe de M. Morel? La chose est fort possible. Il ne le prit point pour directeur. Il s'adressa à M. Guitter, ce prêtre si dévoué qui, après s'être dépensé sans relâche et sans mesure pendant trente-six années pour le diocèse de Nantes, est mort en 1873, emportant dans la tombe les regrets du clergé tout entier.

Entre les mains d'un si excellent maître, M. Goudé ne pouvait manquer de faire de rapides progrès dans la vertu. Quelques jours lui suffirent pour s'habituer avec sa nouvelle position. Bientôt il prit en affection ce genre de vie qui n'est qu'une continuelle méditation de Dieu, de ses perfections et de sa loi.

C'est à M. de Courson qu'il voulut faire part de ses premières impressions et des charmes qu'il goûtait dans l'étude de la théologie. « C'est bien « que la théologie plaise, lui répondait son ancien « directeur, alors supérieur du séminaire d'Issy ; « mais il ne faut pas l'étudier parce qu'elle plaît. « Élevons nos sentiments jusqu'à Dieu pour ne « plus jamais redescendre aux misérables recher- « ches de l'amour-propre. » Et craignant d'avoir été trop sévère, il ajoutait aussitôt après, par manière de correctif : « Vous voyez, mon bon ami, « que je suis toujours dur. Cependant je vous « mets en paradis, en vous envoyant un livre rem- « pli de bonnes instructions et de belles prières.

« Que ce paradis soit pour vous le chemin d'un
« autre Paradis dont Dieu est le temple et l'Agneau
« l'éternel flambeau. »

Comme on le voit, M. Goudé avait conservé
envers M. de Courson les sentiments de la plus
affectueuse reconnaissance. Aussi lorsqu'en 1845
arriva à Nantes la nouvelle qu'il était élu supérieur général de Saint-Sulpice, son ancien dirigé,
n'ayant plus aucun espoir de le retrouver désormais sur sa route, en conçut une vive douleur :
« Tu sais sans doute, écrivait-il à ce sujet à son
« ami d'Angers, que M. de Courson est nommé
« supérieur général de Saint-Sulpice. Son humi-
« lité a dû être mise à une rude épreuve. Le dio-
« cèse de Nantes perd en cet homme un excellent
« administrateur, la Philosophie un père et moi
« un bienfaiteur. Son absence se fera longtemps
« sentir ici. »

Quelques mois plus tard, M. Jannin s'associant
aux regrets de son ami, appréciait à son tour
M. de Courson qui avait fait la visite du séminaire d'Angers. « M. de Courson vient, disait-il,
« de passer quatre jours au milieu de nous. C'est
« un saint rempli de l'esprit de Dieu. Dans les

« deux lectures spirituelles où nous avons eu le
« bonheur de l'entendre, il nous a fait une belle
« peinture du bon prêtre. Sa parole pleine d'onc-
« tion a produit sur nous l'impression la plus
« heureuse et la plus durable. »

La vie de M. Goudé au grand Séminaire fut
ce qu'elle avait toujours été jusque-là. Il continuait à avoir autour de lui une influence qu'aug-
mentait encore son accroissement dans la vertu et
dans les sciences ecclésiastiques. Et non seulement sa vigilante charité s'exerçait autour de lui,
mais elle franchissait même les murs du séminaire.

Un de ses anciens condisciples de Guérande,
avec qui il avait eu autrefois des relations suivies,
était venu occuper une place à Nantes. L'inexpé-
rience de la vie et l'isolement au milieu du bruit
étourdissant d'une grande ville, ne pouvaient
manquer de devenir de redoutables dangers pour
un jeune homme, faible de caractère et livré, sans
guide et sans frein, à l'emportement de ses passions naissantes. Il ne sut pas éviter certaines
compagnies mauvaises; bientôt cette pauvre âme
fit un triste naufrage. M. Goudé ne resta pas in-

sensible à la nouvelle d'un pareil malheur. Il pria et fit prier ; puis, pensant à la pauvre mère de cet infortuné, il lui écrivit pour l'avertir des désordres de son fils.

Cette noble femme lui envoya en réponse quelques lignes dictées par son cœur de mère et de chrétienne. « Ah ! Monsieur l'abbé, lui disait-elle, je « vous en supplie, ne l'abandonnez pas. Songez « qu'il s'est consacré avec vous à la sainte « Vierge..... Je le crois plus faible que méchant. « C'est sans doute pour me punir de mes fautes « que Dieu permet toutes ces choses ; mais je le « conjure de ne punir que moi et de sauver mon « enfant... Je donnerais ma vie de bon cœur pour « que mon fils vous ressemblât. »

M. Goudé avait conservé cependant avec d'autres élèves de Guérande, ses anciens condisciples, des relations plus agréables et plus consolantes. Charles Laborde venait de terminer ses études littéraires. Afin de répondre aux désirs de son père, il devait se préparer à entrer dans la marine royale. Mais ses aspirations tendaient vers un but plus élevé. « Viens donc, bon ami, lui écri-« vait M. Goudé ; hâte-toi d'entrer dans cette

« maison de philosophie vers laquelle le Seigneur
« conduit assurément tes pas. » — « Oui, j'y
« consens bien volontiers, répondait Charles La-
« borde. Quel bonheur! tu remplaceras le frère
« que Dieu m'avait donné et qu'il a rappelé vers
« lui pour en faire un ange. » Et tous deux, au
soir de la rentrée, se dirigèrent vers ces deux
maisons qui, par l'esprit et le cœur, n'en font
qu'une. Ils allaient vivre deux années assez près
l'un de l'autre pour pouvoir fréquemment s'entretenir et s'encourager.

Dans la vie du séminaire, vie toute de calme et
de règle, rien n'est laissé à l'arbitraire : tout au
contraire y est prévu dans les plus minutieux détails. Chaque jour ressemble à celui qui le pré-
cède et cependant la monotonie n'est qu'apparente,
car la variété des exercices et des études fait que
l'ennui y est inconnu. C'est un fleuve sans rides
dont les eaux s'écoulent avec une majestueuse
tranquillité.

Deux fois seulement dans le cours de l'année,
l'appel aux saints ordres vient faire diversion à
l'uniformité de la vie. Grandes sont alors les émotions de l'élève du sanctuaire. Elles vont toujours

en augmentant à mesure qu'il s'engage plus avant dans la voie de l'immolation. Alors elles se trahissent même au milieu de la prière plus ardente et du silence plus profond de la retraite.

Ce fut le 17 mai 1845 que M. Goudé reçut les ordres mineurs. Quelques jours après son ordination, il faisait part à l'un de ses amis des impressions que produisait en lui la vue des grands bienfaits de Dieu : « Ah ! lui disait-il dans un élan de reconnaissance et d'amour, je désire bien le ciel ; mais je n'en voudrais pas si je ne pouvais y bénir, y louer, y remercier le Seigneur pendant l'éternité. *Misericordias Domini in æternum cantabo* [1] ! »

Six mois après avoir reçu les ordres mineurs, M. Goudé fut invité à prendre part à l'ordination du sous-diaconat. Alors sa joie fut trop vive pour qu'il pût la contenir. « Encore un pas dans le « sanctuaire, vers l'autel où nous devrons immo- « ler la grande victime, écrivait-il à M. Jannin. « Encore quelques jours et je serai à Dieu pour « jamais. Oui, mon cher Louis, je vais me con-

[1] Ps. LXXXVIII, 2.

« sacrer à Jésus-Christ pour toute ma vie, en-
« chaîner ma volonté à la sienne et lui sacrifier
« ma liberté par des vœux irrévocables. Mais, si
« ce sacrifice est grand du côté de l'homme, qu'il
« est peu de chose du côté de Dieu ! Que lui don-
« nerais-je en effet qui ne lui appartienne et sur
« quoi il n'ait un droit absolu ?..... Oh ! les heu-
« reuses chaînes que celles qui nous lient si étroi-
« tement à Dieu et au milieu desquelles on jouit
« de la vraie liberté, heureuse perte par laquelle
« on se retrouve tout en Dieu, heureuse mort qui
« nous introduit dans la véritable vie ! »

M. Goudé avait compté sans la terrible maladie
qui sévit au grand séminaire de Nantes au mois
de décembre 1845 et qui empêcha l'ordination de
Noël d'avoir lieu. C'était la fièvre typhoïde qui se
manifestait avec tous les symptômes les plus alar-
mants. Le premier séminariste qui en fut atteint
succomba en cinq jours. Puis le fléau fit successivement quatre nouvelles victimes. Dans une
situation pareille, il importait de prendre une
prompte détermination. M. le supérieur congédia
immédiatement les élèves afin de couper court à
la contagion qui prenait des proportions si alar-

mantes. M. Goudé ressentit les premières atteintes de la maladie, mais les soins vigilants de sa mère détruisirent le mal dans son germe.

On se demanda avec anxiété quelle était la cause de cette redoutable maladie. Un conseil de médecins se réunit et, après avoir visité les bâtiments du séminaire, déclara qu'ils étaient d'une insalubrité manifeste et qu'il était urgent de les démolir de fond en comble pour les rebâtir sur un plan meilleur.

Ceux qui ont connu l'ancien grand séminaire savent en effet combien ces vieilles masures étaient étroites et peu aérées. Personne ne regretta l'énergique décision du conseil sanitaire, décision qui devait mettre au grand jour les talents d'un administrateur hors ligne [1] et doter le diocèse de Nantes d'une maison que nous pouvons bien appeler le *palais de l'éducation sacerdotale*.

Une ordination *extra tempora* eut lieu le dimanche de la Sexagésime; mais les sous-diacres et les ordres inférieurs n'y prirent point part. Quelques diacres seulement furent ordonnés prêtres.

---

[1] M. l'abbé Martel, mort économe au grand séminaire de Nantes, en 1878.

Enfin, après trois mois de tristes vacances, on revint au séminaire, et une seconde ordination fut fixée au 11 avril. « Pendant nos promenades, « écrivait M. Goudé à M. Jannin, nous nous « réunissons pour expliquer les psaumes et nous « préparer à la récitation du bréviaire. Ah! que « les cœurs pieux trouvent de consolations dans « cette étude. Quels trésors Dieu nous a donnés « dans ces cantiques si tendres, si magnifiques, « quelquefois si terribles! L'on est ravi de trouver « de quoi suppléer à son impuissance et de pou- « voir témoigner au Seigneur sa reconnaissance « par des paroles qui lui sont d'autant plus agréa- « bles qu'il les a lui-même inspirées. »

A l'occasion de son sous-diaconat, il reçut une lettre touchante de son ami Louis de Tréméac, alors au séminaire des philosophes : « Dans le « monde, d'ordinaire, on ne laisse pas passer le « jour des noces d'un ami sans lui faire un pré- « sent. Aussi permets-moi de t'offrir ton premier « bréviaire. Quatre ou cinq fois par jour, en l'ou- « vrant, tu penseras à celui qui te le donne et tu « prieras pour lui. »

Quelque temps après commençaient les grandes

vacances. Elles furent attristées tout d'abord par une mauvaise nouvelle : à la fin du mois de juillet, M. Goudé reçut une lettre de Saint-Nazaire bordée de noir. C'était Charles Laborde qui lui écrivait quelques lignes arrosées de ses larmes. Il venait de perdre une de ses sœurs.

Ornée des plus brillantes qualités de l'esprit et du cœur, douée d'une âme de poète, Mlle Désirée Laborde quittait la terre à l'âge de dix-huit ans ! à cet âge :

Où l'on commence à peine à sourire à la vie.

Nous avons sous les yeux quelques poésies écrites de la main de cette jeune fille. Elles sont harmonieuses comme un chant ; mais les notes de ce chant respirent presque toujours la tristesse.

Ainsi mourait, à l'heure où s'endort la nature,
Où le manteau des cieux déroule sa parure,
Où Philomèle aux bois redit ses doux accents,
Un ange, dont la voix mélancolique et tendre
Confiait aux échos, avides de l'entendre,
Ses soupirs innocents [1] !

Cette mort fut très douloureuse pour Charles

[1] Extrait des poésies de Mlle Laborde.

Laborde. « Louons Jésus-Christ jusque dans la
« souffrance, écrivait-il à son ami. Baisons sa
« main divine alors même qu'elle nous châtie. Tu
« as peut-être appris l'affreux malheur qui vient
« de jeter un voile de deuil sur moi et sur toute
« ma famille. Nous avons perdu notre chère Dé-
« sirée, si bonne et si aimante. Aujourd'hui j'ai
« répandu mon cœur et mes larmes sur les tristes
« restes de ma sœur. Une seule chose me console :
« elle est morte comme une sainte. »

M. Goudé prit part à la peine de son ami et
s'efforça de le consoler. Jamais leurs lettres ne
furent plus fréquentes ; ils avaient besoin, en
multipliant ainsi leurs rapports, de réunir, pour
ainsi dire, les anneaux d'une chaîne que venait
de rompre la mort.

Tous deux se revirent bientôt à la rentrée des
deux séminaires. C'était pour M. Goudé sa dernière année avant son sacerdoce.

Il fut ordonné diacre au mois de décembre 1846.
Il fit part de sa joie à son ancien professeur de
Guérande, M. Demouy. « Vous voilà rempli de
« l'Esprit-Saint, lui répondait celui-ci, votre cœur
« doit surabonder de joie. Soyez maintenant un

« bon saint Étienne, excepté qu'il ne faudra pas
« vous faire lapider trop tôt parce que la terre a
« besoin de vous. Que ferez-vous donc sur la
« terre ? Vous l'engraisserez de vos sueurs, vous
« la fertiliserez par votre zèle et lui ferez produire
« des élus ! »

M. Goudé avait achevé son grand séminaire.
Il en sortait l'âme fortement trempée pour affronter les combats, et le cœur tout brûlant du zèle
de la gloire de Dieu et de la gloire de Marie.

La nature de ses goûts et son titre de bachelier,
titre alors cent fois plus rare qu'aujourd'hui, permettaient de prévoir sa future destination à la
carrière de l'enseignement. De son côté, le supérieur du séminaire, M. Morel, n'avait pas été
sans apprécier son élève. L'aménité et la fermeté
de son caractère, son ascendant sur ses confrères,
la solidité et l'étendue de ses connaissances, la
maturité de son jugement, tout en un mot indiquait en lui un sujet distingué, digne d'occuper
un poste de confiance. Il fut donc décidé en conseil
que M. Goudé, bien qu'il n'eût que vingt-cinq ans,
serait nommé directeur du collège des Couëts.

Une pareille mission ne pouvait cependant être

confiée à un diacre. La plupart des professeurs étaient prêtres ; en outre, les fonctions mêmes de directeur exigeaient que le titulaire fût élevé à la dignité sacerdotale.

Ce fut le samedi des Quatre-Temps, 18 septembre 1847, que M. Goudé fut ordonné prêtre. L'ordination eut lieu dans la chapelle des religieuses du Sacré-Cœur. M. Goudé était le seul ordinand. Le prélat consécrateur fut Mgr Angebault, évêque d'Angers. Il voulut bien faire cette ordination à la prière de Mgr de Hercé, à qui son grand âge, plus encore que la maladie, ne permettait pas d'exercer toutes les fonctions du ministère épiscopal.

M. Goudé était arrivé au terme de ses désirs ; il avait atteint le but vers lequel il aspirait de tous les élans de son âme. Revêtu de Jésus-Christ et de son divin sacerdoce, il entrait au collège de Notre-Dame-des-Couëts. C'était pour lui de bon augure de commencer son professorat dans une maison dédiée à Marie et sanctifiée par le séjour qu'y fit la *bonne duchesse* de Bretagne, la bienheureuse Françoise d'Amboise.

Une congrégation en l'honneur de la sainte

Vierge y existait : le soin en fut confié au jeune directeur. Cette charge lui fut douce et facile à remplir et il passa, au milieu du petit troupeau confié à sa vigilance, des moments qu'il n'oublia jamais.

A la fin de cette première année d'enseignement — on était en 1848 — l'organisation des collèges diocésains subit des modifications importantes. Le petit séminaire de Nantes perdit ses classes inférieures ; Guérande se vit enlever ses classes supérieures, et les Couëts devinrent, avec l'autorisation du gouvernement, une institution de plein exercice.

Il en résulta pour M. Goudé une situation nouvelle. Sa place n'était plus aux Couëts ; mais il ne s'attendait guère à l'honneur et à la charge que la Providence lui réservait : par décision de Mgr l'Évêque de Nantes, il était nommé supérieur du collège Sainte-Marie-de-Béré, à Château-briant.

DEUXIÈME PARTIE

DEPUIS LA NOMINATION DE M. GOUDÉ, SUPÉRIEUR
DE L'INSTITUTION SAINTE-MARIE-DE-BÉRÉ A CHATEAUBRIANT,
JUSQU'A SA DÉMISSION DE SES FONCTIONS
(1848-1871)

CHAPITRE PREMIER

L'Institution Sainte-Marie.

Au début de cette seconde partie, et avant d'esquisser le tableau des vingt-trois années que M. Goudé passa au collège de Châteaubriant, nous avons cru qu'il ne serait pas sans intérêt de présenter à nos lecteurs l'historique de cette intéressante maison [1].

Vers le commencement du siècle, Châteaubriant

---

[1] Pour nous aider dans ce travail, nous possédons, outre l'*Histoire de Châteaubriant*, des notes manuscrites très détaillées, écrites de la main même de M. Goudé. C'est une sorte de *Journal* dans lequel sont fidèlement consignés, avec les impressions du supérieur, tous les faits relatifs à l'existence du collège.

manquait, à peu près, de maisons pour instruire la jeunesse. Un prêtre zélé, Félix Baguet, plus connu sous le nom de M. de la Rolandière, résolut de mettre fin à un si déplorable état de choses et de porter remède à l'ignorance universelle. C'est à lui, ou tout au moins à son active coopération que la ville doit de posséder deux établissements consacrés à l'éducation de la jeunesse du pays : le pensionnat des Dames de Chavagnes et l'école des Frères de la Doctrine chrétienne.

Enfant de la cité castrobrientaise, il accepta le titre de vicaire et en exerça les fonctions, pendant dix années, dans sa ville natale ; « bien que, comme il le disait plaisamment, il ne se fût fait prêtre que pour lui seul. »

Avec un esprit très ouvert et un cœur porté à la bonté, il avait une bizarrerie et une originalité de caractère peu communes. Trente ans se sont écoulés depuis sa mort, et son souvenir est demeuré vivant au milieu de cette population de Châteaubriant qu'il a toujours édifiée et souvent réjouie. C'est surtout dans ses catéchismes qu'il se peignait au vif ; aussi ceux qui y prirent part ne les ont-ils pas oubliés.

Mais M. de la Rolandière avait une charité
sans bornes et une générosité qui allait parfois jusqu'à l'excès. De telles qualités feraient oublier beaucoup de défauts. Elles lui valurent de nombreuses
sympathies et bien des preuves de confiance. Une
riche et pieuse personne, Mlle Bernard, lui remit
une somme de soixante à quatre-vingt mille francs
pour qu'il l'employât en bonnes œuvres. Une partie
de cette somme fut consacrée à la restauration de
l'église de Béré ; mais la plus importante, le bon
abbé la destinait à son œuvre de prédilection. Il
voulait fonder une maison de retraite dans laquelle
les habitants du pays pourraient venir, à certaines
époques, se retremper dans l'amour de Dieu et la
pratique de la vie chrétienne.

Au nord de la ville, sur le penchant d'une
colline au pied de laquelle coule l'humble rivière
de la Chère, et en face des ruines pittoresques du
vieux château des Brient, s'élevait une vaste
hôtellerie. La situation exceptionnelle de cette
maison qui domine toute la vallée, frappa M. de
la Rolandière. Il réussit à l'acquérir et la fit
aussitôt approprier à sa destination nouvelle. Les
écuries avec les greniers qui étaient parallèles au

principal corps de logis furent percés et les combles plafonnés pour servir de réfectoire et de dortoirs. Puis l'abbé fit construire au midi une vaste chapelle et au nord un autre corps de bâtiments. Il relia ainsi entre elles les différentes parties de cette maison et obtint un tout homogène et régulier. Enfin à l'ouest de ces constructions, il fit l'acquisition d'un petit jardin pour servir de lieu de récréation.

Tout étant ainsi disposé, on profita de la présence de Mgr de Hercé dans la paroisse de Béré, où il administrait le sacrement de Confirmation, pour lui demander de vouloir bien bénir lui-même la chapelle.

Mais une singulière aventure faillit troubler la fête.

Les administrateurs de la cité, réunis en conseil, avaient jugé que l'évêque ne pouvait bénir la chapelle, parce que son érection n'avait pas reçu la sanction royale. Ils résolurent donc d'empêcher la cérémonie d'avoir lieu. La séance levée, ils s'en allèrent présenter leurs hommages à Sa Grandeur et prendre part au dîner auquel elle les avait conviés. A la fin du repas, l'un d'eux remit au vicaire général un pli cacheté, contenant la défense de procéder à la bénédiction. Puis après les salutations d'usage, chacun des administrateurs se retira, content du succès et se frottant les mains.

Mais ils ne connaissaient pas M. Vrignaud, l'habile vicaire général de Mgr de Hercé, et ils ignoraient qu'ils avaient trouvé leur maître. Une personne, instruite du complot, l'en avait informé secrètement. Il se tenait sur ses gardes. Aussi, quand la lettre lui fut remise, soupçonna-t-il ce qu'elle pouvait contenir ; et, feignant de n'avoir pas le temps d'en prendre alors connaissance, il la mit gravement dans sa poche.

Mgr de Hercé, qui ne savait absolument rien de tout cela, alla bénir la chapelle au milieu d'un nombreux concours de fidèles, et sans la permission du *successeur des rois très chrétiens*.

Exaspérés de leur échec et n'osant mettre la main sur l'évêque, les conseillers municipaux résolurent de faire tomber sur le pauvre M. de la Rolandière tout le poids de leur indignation. Ordre fut donc intimé à deux gendarmes d'aller bivouaquer sous les murs de Sainte-Marie et de se saisir du bon abbé, au petit jour, lorsqu'il entrerait dans sa chapelle pour y célébrer la messe.

Par hasard, son enfant de chœur avait un petit emploi dans les bureaux de la sous-préfecture. Par un hasard plus grand encore, on chargea cet enfant de porter au lieutenant de gendarmerie les ordres du procureur. Le jeune messager était heureusement indiscret et, chemin faisant, il ouvrit le papier fatal. Il pâlit en le lisant et crut déjà voir son bienfaiteur sous les verrous. Puis, réfléchissant un instant, il courut avertir le pauvre prêtre, qui partagea amplement la frayeur de son clerc et se tint toute la journée clos et coi. Le lendemain, les gendarmes attendirent longtemps le prétendu coupable. L'alerte avait été inutile et leur peine perdue.

Déjoués une seconde fois, les municipaux ne s'avouèrent pas pour cela vaincus. Leur colère se concentra et ils jurèrent solennellement que jamais le fondateur ne verrait ouvrir sa maison.

Quiconque veut faire le bien doit s'attendre à mille tracasseries de la part des hommes. M. de la Rolandière n'échappa pas à la loi commune. Il eut des ennemis ; on lui intenta un procès ; enfin un misérable pamphlet mit le comble à toutes les hostilités déchaînées contre lui. De guerre lasse, l'abbé offrit sa maison à Mgr de Hercé pour qu'il y établît un collège. L'offre fut aussitôt acceptée et M. Vrignaud, cet homme qui a tant travaillé à l'œuvre de l'éducation chrétienne dans le diocèse de Nantes, signa le contrat (1845). C'est ainsi que, par une opposition systématique et déraisonnable, ces municipaux ennemis de toute instruction religieuse, avaient puissamment contribué à doter Châteaubriant d'un collège ecclésiastique. En tendant un piège, ils s'étaient pris eux-mêmes dans leurs propres filets.

Cependant l'orage s'apaisa, M. de la Rolandière devint chanoine honoraire de l'église cathédrale, et se retira à l'hospice de Châteaubriant, pour y exercer, pendant le reste de sa vie, les fonctions d'aumônier.

L'institution Sainte-Marie eut pour premier supérieur M. l'abbé Laheux [1]. Il ne fallait rien

---

[1] M. Charles Laheux, dans sa jeunesse, avait eu l'intention d'entrer dans l'Université ; puis il avait dû faire son service militaire. Après quoi, il avait été nommé professeur au collège universitaire de Montfaucon. Il y resta peu

moins qu'un tel homme pour assurer l'existence d'une maison nouvelle, dans un pays où les institutions religieuses rencontraient alors si peu de sympathie. M. Laheux était très intelligent. Bon économe et bon administrateur, il avait une activité qui suffisait à tout. Quelques-uns trouvaient que chez lui le commandement avait quelque chose de trop militaire ; mais les circonstances rendaient précieux l'excès même de ses qualités.

A son arrivée à Sainte-Marie, tout manquait au nouveau supérieur. Le matériel faisait défaut, la maison était vide, les élèves surtout n'apparaissaient point. Pour comble de malheur, M. Laheux lui-même se voyait refuser injustement par le recteur de Rennes les pièces officielles auxquelles il avait droit. Il fallut que Mgr de Hercé agît personnellement, à Paris, auprès du roi Louis-Philippe. Enfin au bout de six mois de luttes et d'ennuis, on délivra à M. Laheux son *diplôme de*

de temps et accepta la charge de précepteur dans une famille. Il alla alors faire une retraite chez des religieux ; et, pendant cette retraite, Dieu lui inspira le désir d'entrer au grand séminaire. Il y fit ses études théologiques et fut ordonné prêtre. Il avait quarante ans.

maître de pension, et avec le diplôme, l'autorisation d'ouvrir les portes de Sainte-Marie. La rentrée de la première année eut lieu au mois
d'avril 1846, le lundi de Pâques [1]. Quinze élèves
seulement se présentèrent.

L'année 1846-1847, trente élèves furent reçus.
Peu à peu la maison prit de l'extension et l'année
suivante (1847-1848), elle compta cinquante pensionnaires. Alors le petit collège put vivre de ses
propres ressources, grâce à la sage économie de
M. Laheux ; et, qu'on nous permette de le dire,
grâce aussi aux sacrifices et au dévouement de la
servante qu'il avait amenée avec lui [2].

Mais, au mois d'octobre 1848, le supérieur de
Guérande étant mort, on lui donna pour succes-

[1] Cette année a été appelée depuis : l'année des *quatre-
mois*.

[2] Cette vertueuse fille qui vit encore aujourd'hui a attaché en quelque sorte son existence à celle de Sainte-Marie.
Pour cette maison, elle a enduré sans se plaindre des pri-
vations de toutes sortes, et usé sa santé par un travail
prolongé souvent jusque dans la nuit. Sa modestie lui fit
même changer son nom de Rosalie Rousselot pour celui
de *Marie*. Elle a bien mérité le prix Montyon, prix qui ne
lui sera probablement jamais décerné ! (Extrait du *Journal*
de M. Goudé.)

seur M. Laheux, et M. Goudé fut placé à la tête du petit collège de Châteaubriant. C'était la troisième année d'existence qui allait commencer pour Sainte-Marie.

Le nouveau supérieur, ainsi que nous le verrons dans la suite, ne devait pas se montrer indigne de la confiance qu'on lui montrait. Bien plus, il devait être, dans toute l'acception du mot, le véritable fondateur de cette maison, en la faisant, par vingt-trois années d'améliorations successives, telle que nous la voyons aujourd'hui.

CHAPITRE II

¶ **Premières années de M. Goudé au collège de Château-briant. — Il est à la fois supérieur, économe et professeur.**

Ce fut le 1ᵉʳ octobre 1848 que M Goudé se rendit au nouveau poste qui lui avait été assigné. Il venait d'atteindre sa vingt-sixième année.

Il était bien jeune pour être mis à la tête d'une maison à peine fondée ; cependant sous les traits d'un jeune homme, il avait toute la maturité d'un vieillard. Il méritait bien, en effet, qu'on lui appliquât cette belle parole du livre de la Sagesse : « *Cani sunt sensus hominis ;* » *la prudence de l'homme lui tient lieu de cheveux blancs* [1].

En acceptant la place qu'on lui offrait, il ne se fit point illusion. Il prévit tout ce qu'il y avait de délicat et de difficile dans sa position vis–à–vis de

---

[1] Sap., iv, 8.

ses confrères, de ses professeurs et de ses élèves.
Il succédait à un homme qui avait d'abord l'autorité de l'âge, et cette autorité lui manquait absolument. Aussi avec quelle modestie n'entra-t-il pas à Sainte-Marie! Ses paroles en font foi. « Ce fut sans doute une faute, lisons-nous dans ses mémoires, que commit M. Vrignaud, au nom de Mᵍʳ de Hercé, en me nommant supérieur de Châteaubriant. Je l'ai entendu dire depuis avec l'accent du reproche, comme si j'eusse été coupable de n'avoir alors que vingt-six ans ! Mais j'eus la témérité d'accepter. J'étais jeune, je me sentais plein de vie et d'ardeur, heureux de trouver le moyen de mettre en exercice l'intelligence et le cœur que Dieu m'avait donnés. Je ne ressemblais pas mal au coursier devant lequel sont abaissées les barrières, et qui s'élance impétueux dans l'arène, sans savoir encore s'il pourra fournir la carrière.

« En arrivant, je trouvai des visages en larmes et le bon M. Laheux désolé de quitter une maison à laquelle il s'était affectionné. »

Dès le lendemain de son arrivée, M. Goudé dut entrer en charge et commencer l'année par des préoccupations matérielles auxquelles rien ne l'avait préparé et qui étaient entièrement contraires à ses goûts.

« Pendant ma vie de jeune homme, ajoute-t-il, le sérieux de mon caractère, ou plutôt une certaine tournure d'esprit m'avait donné beaucoup d'empire sur mes condisciples. Ils avaient pour moi de l'affection et l'affection engendrait la confiance. Aussi étais-je le confident de leurs joies et de leurs peines. J'avais pris goût à cette sorte de direction morale anticipée. Lorsque je vins à Sainte-Marie, je trouvai soixante enfants dont je me sentais le père plutôt que le maître. J'étais heureux de penser qu'il m'était donné de conseiller, commander, instruire, redresser et surtout de diriger ma petite famille dans les voies de la vertu ; tout cela ressortait parfaitement de mes aptitudes. Mais l'économat, les chiffres qu'il fallait aligner, l'argent qu'il fallait encaisser, les débats pécuniaires dans lesquels j'étais obligé d'entrer ; puis, les récriminations que je subissais, les rapports que je devais avoir avec les domestiques : tout ce côté matériel de ma position m'était très pénible, et seul le sentiment du devoir a dû me soutenir dans l'exercice de fonctions pour lesquelles je me sentais tant de répugnance. Mon peu de dispositions pour les mathématiques était peut-être la cause pour laquelle je n'ouvrais qu'en tremblant des livres de comptes. Ainsi, en me nommant supérieur, on avait doré la pilule ; toutefois l'enveloppe ne lui avait rien enlevé de son amertume. »

M. Goudé était donc supérieur de Sainte-Marie ; de plus il y était chargé des fonctions d'économe ; enfin, ce qui paraîtra extraordinaire, il fut obligé de remplir en même temps les fonctions de professeur. Il fit la classe de cinquième : c'était alors la première classe de la maison. M. Goudé se multiplia pour faire face à des occupations si nombreuses et si diverses. Lui-même nous rend compte, dans les plus minutieux détails, de l'emploi de son temps pendant ses laborieuses journées.

« Je me levais, nous dit-il, à quatre heures pour vaquer à l'oraison et dire mon bréviaire. Aussitôt après, je célébrais la sainte messe devant la communauté réunie. Mon action de grâces terminée, je remontais à ma chambre pour préparer ma classe. Ensuite je déjeunais, et j'allais trouver mes enfants qui me retenaient jusqu'à dix heures. Sorti de classe, de professeur que j'étais tout à l'heure, je redevenais tour-à-tour supérieur et économe pour redevenir professeur en corrigeant les devoirs de mes élèves.

« La soirée ne différait guère de la matinée qu'en un seul point : c'est que j'avais encore plus d'occupations que le matin. Outre la classe du soir et les prières qui sont le pain quotidien de la vie du prêtre, j'avais à faire l'éducation morale et religieuse de la jeunesse qui m'était confiée ; la lecture spirituelle est un des plus puissants moyens de formation qui soient donnés pour cela. Aussi devais-je me préparer avec un très grand soin à cet acte si important pour un supérieur.

« Je ne parle point des mille dérangements inséparables de ma charge : rapports avec les maîtres, les élèves ou les domestiques, confessions ou directions des enfants, visites à recevoir et à rendre, correspondance enfin à entretenir continuellement avec les parents et les fournisseurs. On le comprendra donc sans peine : je me couchais plus souvent après qu'avant dix heures.

« Si dans la journée, je montais à ma chambre pour recueillir mes pensées, faire un travail quelconque, à peine y étais-je qu'un maître d'étude m'envoyait un enfant indiscipliné. Je le faisais d'abord rentrer aussitôt dans l'ordre et j'essayais ensuite de ressaisir le fil de mes idées ; mais rarement je pouvais avoir une demi-heure de solitude. Maîtres, domestiques ou élèves avaient toujours quelque chose à demander ou au supérieur, ou à l'économe, ou au professeur. Je comprenais sans peine que je devais être l'homme de tout le monde, que je ne m'appartenais pas et que chacun avait droit à mon temps, à ma santé, à ma vie même.

« Lorsqu'arrivait l'époque du trimestre, j'avais encore un surcroît d'occupations. Il me fallait aligner les notes des enfants, leurs places de compositions, en établir le chiffre moyen ; ajouter ensuite les dépenses journalières des fournitures et expédier le tout à soixante adresses différentes. C'était à m'y perdre.

« Ce n'est pas tout. Comprenant qu'à certaines époques, il est utile de rompre avec la vie par trop monotone du collège, je donnais de petites fêtes pour récréer à la fois les enfants et les parents. C'était alors bien autre chose pour moi. La modicité de nos ressources me forçait à aborder le côté pratique de la question et je devenais tour-à-tour menuisier, peintre, architecte, décorateur, voire même maçon. Les élèves, il est vrai, fournissaient à tous les frais de ces fêtes ; mais je payais largement de ma personne et mes faibles épaules étaient littéralement surchargées. Puis je commençais la formation de mes jeunes acteurs, et ce n'était pas une mince besogne que de les exercer à parler en public et surtout à joindre le geste à la parole.

« Nos fêtes religieuses ne me demandaient ni moins de soins ni moins de peine. La décoration de la chapelle, l'étude des cérémonies, la préparation des chœurs de musique, tout cela m'accablait sans cependant me décourager. Au milieu de mes fatigues, je voyais le but à atteindre et j'y tendais de toute l'énergie de ma jeunesse. Je voulais attacher mes enfants à cette maison où ils venaient s'abriter pendant quatre années. Je voulais qu'ils se souvinssent plus tard des jours passés au milieu de nous. Je voulais enfin les voir revenir avec amour vers Sainte-Marie où ils avaient coulé des jours si pleins de vie et de gaîté. Et ce qui soutenait ainsi mon courage, c'était l'espoir que mon travail porterait des fruits pour le présent et surtout pour l'avenir, et que je pourrais plus tard revoir, pour les presser sur mon cœur, ces enfants grandis et que la reconnaissance me rendrait plus chers. Voilà pourquoi je mettais hardiment la main à la charrue sans regarder en arrière ; pourquoi je ne doutais de rien dans l'entreprise ; pourquoi enfin dans l'exécution je me dépensais sans parcimonie et sans regret. Dieu me bénissait en m'accordant une santé qui ne se démentait pas un seul jour. »

Ce fut dans les premiers mois de l'arrivée de M. Goudé à Châteaubriant, qu'il reçut la visite de son cher directeur d'autrefois : M. de Courson. M. de Courson quittait Nantes, où il était venu passer quelques jours et s'en retournait à Paris, en passant par Châteaubriant.

« Je m'empresse de vous donner avis, lui « écrivait à cette occasion M. Vrignaud, de « l'arrivée du bon abbé de Courson dans votre « ville. Prévenez le cher M. de la Rolandière et

« ornez votre maison comme pour un jour de
« fête. »

M. de Courson vint en effet, mais il ne passa
que quelques instants au collège, malgré les ins-
tances du supérieur qui désirait ardemment lui
offrir une plus longue hospitalité.

« Bien cher ami, lui écrivit M. de Courson de
« retour à Paris, je ne puis vous dire quelle vio-
« lence je me suis faite pour résister à vos ins-
« tances si bonnes, si pressantes. Combien je
« regrette de n'avoir pas embrassé tous vos petits
« enfants, de n'avoir pu ouvrir mon cœur à vos
« chers collaborateurs ! Je viens de recevoir et de
« lire ce que vos bons enfants me disent
« d'aimable ; j'en suis profondément touché.
« Qu'est devenu le temps où je passais ma vie à
« encourager les premiers efforts de nos jeunes
« nantais ? Combien j'aimais à les voir couronnés
« de succès ! Dieu m'a donné dans ce ministère
« de très douces consolations, consolations qui
« viennent de se renouveler quand, après cinq
« années d'absence, j'ai retrouvé les personnes et
« les lieux pour qui j'ai tant d'affection. Que
« souhaiterais-je à vos élèves, mon cher ? Je

« souhaite qu'ils vous ressemblent ; qu'ils étu-
« dient comme vous avez étudié, qu'ils servent
« Dieu comme vous l'avez servi dans votre
» enfance, qu'ils apprennent enfin à aller à Jésus
« par Marie, leur mère et la nôtre.

« Votre tout dévoué et affectionné en N.-S.

« L. DE COURSON. »

M. Goudé s'était promis de ne rien négliger de ce qui pourrait contribuer à la prospérité morale et matérielle de son collège. Connaissant quelles difficultés pour l'administration et la surveillance résultent du mélange de pensionnaires et d'externes dans une même maison, il avait décidé en principe que les pensionnaires seuls seraient admis à Sainte-Marie. Si, seize années plus tard, il rétablit l'externat, ce n'est pas qu'il changeât d'avis sur ce point ; mais c'est que des circonstances indépendantes de sa volonté le forcèrent à mettre quelque désaccord entre ses principes et sa conduite. Nécessité fit loi.

Le nombre des élèves avait alors diminué et beaucoup de familles, à Châteaubriant, ne voulaient à aucun prix se séparer de leurs enfants.

L'avarice des uns, la pauvreté des autres et surtout un amour déraisonnable et aveugle des parents pour leurs enfants finirent par triompher du supérieur et le faire céder.

L'enclos du collège était irrégulier et M. Goudé le trouvait trop étroit. Aussi, chaque fois que l'occasion se présenta de l'agrandir et d'en régulariser les proportions, la saisit-il avec empressement. Dans l'espace de quinze années, cinq achats vinrent arrondir la petite propriété du collège et lui donner successivement chacune des servitudes dont il avait besoin. On put même bientôt descendre jusqu'à la Chère pour recueillir précieusement les eaux qu'elle mesure avec tant de parcimonie à ses riverains pendant six mois de l'année.

M. Goudé aimait la musique. Nous l'avons vu, dès le petit séminaire, à la tête des chœurs et préparant des motets pour rehausser ainsi l'éclat des cérémonies religieuses. Il n'avait rien perdu de ses aptitudes d'autrefois, et promptement il se mit à l'œuvre pour créer à Sainte-Marie quelque chose qui lui rappelât les belles fêtes de Guérande. Cependant l'essentiel manquait. Il n'avait point d'orgues et point d'argent. Mais le nouveau supérieur n'était pas homme à se décourager. Son esprit inventif lui fit trouver le moyen de se procurer l'instrument si nécessaire et si désiré. Il s'empressa d'organiser une petite loterie et quelques semaines plus tard, le jour de Pâques de l'année 1851, on entendit des accords harmonieux se dérouler dans la chapelle et se mêler aux voix des enfants. A cette époque, les orgues n'étaient pas, comme aujourd'hui, répandues dans la contrée; aussi ne manqua-t-on pas à Châteaubriant d'aller ouïr au collège le nouvel instrument.

Cependant les travaux de M. Goudé étaient excessifs; sa santé y avait d'abord résisté, mais ses forces finirent par s'épuiser. Il n'était à Sainte-Marie que depuis dix-huit mois, lorsqu'il tomba dans un état voisin de l'anémie. « Je passai, nous dit-il, pour poitrinaire et je fus traité comme tel. Heureusement il n'en était rien; mon respectable docteur s'était trompé, il avait jugé sur les apparences.

> « ..... nimium ne crede colori [1]. »

A cette nouvelle, Mme Goudé accourut de Nantes en toute hâte pour soigner son fils.

[1] Virgile, Eglogue II.

« Je vous en conjure, mon cher supérieur, lui
« écrivait M. Vrignaud, ménagez-vous, prenez
« tous les soins qu'exige le mauvais état de votre
« santé. Je vous en fais, — entendez-le bien, —
« un cas de conscience au premier chef. Priez
« l'un de ces messieurs de me donner souvent de
« vos nouvelles et gardez Madame votre mère
« auprès de vous, le plus longtemps possible. Je
« veux vous conserver pour Sainte-Marie, car je
« me réjouis fort de la bonne marche que vous et
« vos confrères savez lui imprimer. *Je crois que*
« *cette maison est appelée à rendre de grands*
« *services dans cette partie du diocèse.* »

M. Vrignaud envoya de l'aide au pauvre Supérieur. Il comprit qu'il fallait lui accorder un professeur de plus : ce professeur fut chargé de la
classe de cinquième, et M. Goudé put enfin respirer et prendre un peu de ce repos dont il avait
si grand besoin.

Au commencement de l'année 1849 mourut
Mgr de Hercé. Il avait obtenu pour coadjuteur
Mgr Jaquemet qui fut sacré à Bordeaux, le 29
juillet de la même année. Au mois de novembre
suivant, le nouvel évêque partait pour Rennes où

se réunissait le Concile de la province de Tours. Au retour de ce Concile, Sa Grandeur passa par Châteaubriant et s'arrêta quelques instants au collège. Elle devait y revenir peu de temps après pour administrer aux enfants le sacrement de Confirmation. Dans cette seconde visite, Monseigneur voulut voir en détail cette maison qui était encore dans un état voisin de la pauvreté.

A l'occasion de la visite épiscopale, une petite soirée récréative fut donnée à Sainte-Marie. Les élèves y jouèrent une pastorale dont l'auteur était M. Goudé. Au sein du repos que sa santé l'obligeait à prendre, le supérieur charmait ainsi ses loisirs. Il reprenait sa plume de *seconde* pour composer une pièce de poésie, d'assez longue haleine, à la louange du premier pasteur de l'Église de Nantes.

Mgr Jaquemet en fut charmé. Il témoigna beaucoup d'intérêt à cette maison, promit de l'aider; et, comme gage de son affection, il offrit à Sainte-Marie un calice en vermeil [1].

A cet endroit des Mémoires de M. Goudé, se

---

[1] Ce calice est toujours conservé comme un souvenir précieux de celui qui l'a offert.

trouve un singulier épisode qui, croyons-nous, mérite d'être raconté.

On était en plein mois de mai. Au matin d'une superbe journée de soleil, notre maître d'études m'annonça, dit M. Goudé, qu'il sortait sur la route de Rennes pour se promener et respirer l'air parfumé du printemps. Bientôt, quittant les sentiers battus, il s'enfonça dans la campagne. Il marcha longtemps au milieu des landes du *val fleuri*. C'était alors une contrée qui ne connaissait pas la charrue. Les bruyères y croissaient en toute liberté et se mêlaient aux touffes de genêts et d'ajoncs nains.

Arrivé à *Crocfer*, sur les hauteurs couronnées de sapins, de bouleaux et d'alisiers sauvages, notre voyageur s'arrêta pour se reposer un peu. Il jouissait seul de cette sauvage et sévère nature et contemplait dans le lointain la ville de Châteaubriant assise au bas de la vallée, et dont on n'aperçoit que les tours du donjon et l'antique sanctuaire de Saint-Sauveur.

Tout à coup un jeune homme l'aborde. « Donnez-moi votre soutane », lui dit-il. Celui qui faisait une pareille question pouvait avoir vingt ans. L'abbé crut avoir affaire à un fou; et sans lui répondre, il s'éloigna. Le singulier interlocuteur suit son homme. Celui-ci presse le pas; l'autre s'avance, réitérant sa demande avec une étonnante obstination. Commençant à s'inquiéter, seul, au milieu d'une campagne aussi déserte, l'abbé se dirige, en pressant le pas, vers la route. Un coup de feu retentit derrière lui sans l'atteindre.

Il n'y a plus de doute, on en veut à sa vie. La peur lui donne des jambes; il redouble de vitesse. Quelques instant après, une seconde détonation se fait entendre. Il est atteint et tombe sur le revers d'un fossé qu'il venait de franchir. Son assassin se jette sur lui, le frappe de plusieurs coups de couteau, lui arrache sa soutane et le jette tout près de là dans une fosse au fond de laquelle il y avait un peu d'eau.

Le pauvre abbé n'était qu'évanoui, la fraîcheur de l'eau lui rend le sentiment. Il se soulève et veut sortir de ce lieu qui aurait pu devenir son tombeau.

Alors, par un retour inexplicable, l'assassin de tout à l'heure se trouve subitement changé. Il s'émeut, se jette à genoux sur le bord de la fosse, et, les larmes aux yeux, demande pardon à sa victime. Puis l'aidant à sortir de ce trou, il lave ses blessures, heureusement légères. La balle n'avait fait qu'effleurer l'ecclésiastique, et les coups de couteau, dirigés dans la région du cœur, avaient été amortis par un crucifix qu'il portait sur la poitrine.

L'assassin rend à l'abbé sa soutane, l'aide même à s'en revêtir et le supplie encore une fois de lui pardonner et de garder un profond silence sur tout ce qui venait de se passer. « J'étais au désespoir, j'étais fou, lui dit-il ; je viens de tirer au sort, j'ai un mauvais numéro. Je voulais m'expatrier et je cherchais un déguisement. Je vous ai vu et vous ai suivi. » — « Que Dieu vous pardonne comme je vous pardonne moi-même, lui dit le professeur ; maintenant sauvez-vous de peur que vous n'ayez été vu, et comptez sur ma discrétion. »

L'abbé rentra au collège très ému ; cependant il ne raconta à personne ce qui lui était arrivé. Mais voici que deux jours après, sa mère accourt à Sainte-Marie tout en larmes. « Où est mon fils ?

s'écrie-t-elle. Je sais qu'il est mort; où est-il? »

Qu'on juge de la surprise de M. Goudé! Il essaye de calmer cette pauvre femme, lui assure qu'elle est dans la plus complète erreur, que son fils est vivant et qu'il est en ce moment à présider la salle d'étude.

Quelques instants après, la mère et le fils étaient dans les bras l'un de l'autre. Cette pauvre mère ne pouvait se rassasier de contempler celui dont elle ne croyait plus retrouver que les restes inanimés.

Comment donc avait transpiré le secret de l'aventure? Le voici. Un jeune pâtre avait entendu des cris dans le lointain. Deux fois, le bruit de l'arme à feu avait attiré son attention et il avait appelé au secours. Plusieurs paysans s'étaient rendus sur le lieu du crime et avaient trouvé des lettres tombées au bord du trou où avait été jetée la victime. Ces lettres contenaient l'adresse de la famille du pauvre abbé. Alors ils n'avaient rien eu de plus pressé que d'écrire à la mère, pour lui annoncer que son fils avait été assassiné, et qu'il devait être enfoui quelque part dans un fourré d'ajoncs ou de genêts.

A cette nouvelle, la pauvre mère, folle de douleur, était accourue, répandant partout le bruit du meurtre de son fils.

« C'est ainsi, dit M. Goudé, que nous eûmes connaissance des faits qui ne pouvaient plus demeurer cachés, et que cependant peu de personnes savent encore aujourd'hui. Nous avons, en effet, gardé le plus profond silence sur un évènement que le discret abbé avait promis de tenir secret. Il craignait qu'une indiscrétion ne livrât entre les mains de la justice celui à qui il avait donné, avec sa parole, un généreux pardon [1]. »

[1] Toute cette histoire, qui aux yeux de plus d'un lecteur paraîtra singulièrement légendaire, aurait peut-être trouvé sa place dans le second volume des « *Histoires et Légendes du pays de Châteaubriant* », que M. Goudé avait l'intention de publier.

CHAPITRE III

Il y avait déjà cinq ans que M. Goudé était à la tête du petit collège de Châteaubriant et les années ne faisaient que cimenter davantage l'affection qu'il ressentait pour cette maison. Il se dévouait à elle de plus en plus et mettait tout en œuvre pour la faire prospérer. Nous allons en avoir des preuves nombreuses.

Convaincu qu'un enfant ne peut aborder avec succès l'étude de la langue latine, s'il n'a déjà acquis une certaine connaissance de sa propre langue, le supérieur songea à fonder un cours de français préparatoire à la classe élémentaire. A cet effet, il écrivit à M. l'abbé Jean de Lamennais le saint fondateur de la communauté de Frères établie à Ploërmel. Les négociations poussées activement furent couronnées de succès ; et, au mois d'octobre 1852, le nouveau cours de français fut organisé à Sainte-Marie, sous la direction d'un Frère de l'Instruction chrétienne.

Mgr Jaquemet sentait quel puissant collaborateur il avait en M. Goudé pour l'œuvre de l'éducation dans le diocèse. « Écrivez-moi, lui man-« dait-il par son secrétaire, quelle pourra être « votre situation pécuniaire à la fin de l'année « scolaire. Vous savez déjà que j'aide de préfé-« rence celles de nos maisons où, — comme chez « vous, — les supérieurs savent établir une sage « économie. » Puis le bon évêque ajoutait de sa « main, à la marge : « *Je le ferai toujours pour* « *vous.* »

Au commencement de cette année scolaire arriva la mort de M. de la Rolandière qui fut frappé subitement. « J'avais réussi, lisons-nous dans les Mémoires de M. Goudé, à intéresser M. de la Rolandière à ma petite administration. Il avait conçu de l'affection pour moi et fit un legs à Sainte-Marie. Nous eûmes par testament : son calice, ses burettes avec leur plateau, le tout en argent, un reliquaire, sa bibliothèque et ses tableaux. Cet homme de bien a dû rendre à Dieu un cœur bien pur de toute attache à la créature ; car pas une n'était mentionnée dans son testament : il n'avait pas d'amis sur la terre. »

M. Goudé conserva toujours pour M. de la Rolandière la plus affectueuse reconnaissance. Les anciens élèves de Sainte-Marie se rappellent avec émotion les visites au cimetière de Béré, sous la conduite du supérieur. Avant de les faire s'agenouiller sur cette modeste tombe, M. Goudé avait un souvenir délicat à l'endroit du fondateur de la maison. « N'oublions pas, mes enfants, leur disait-il, ce saint prêtre à la bienfaisance duquel vous devez le toit qui vous abrite et l'enseignement chrétien que vous recevez. » La voix de M. Goudé était émue et les enfants s'unissaient aux sentiments de leur supérieur et entouraient avec respect ces restes vénérés.

M. Goudé, avons-nous vu, avait, en quittant le grand séminaire, commencé son professorat dans une maison consacrée à Marie. En arrivant à Châteaubriant, il devenait supérieur d'un collège sous le vocable de sa bonne Mère ; aussi se croyait-il obligé de redoubler de zèle pour faire connaître et aimer celle qui semblait prendre à tâche de le placer plus spécialement sous sa protection. « Je voulais, lisons-nous dans ses Mémoires, inspirer à mes enfants une tendre dévotion pour la très sainte Vierge, patronne de leur maison. Je désirais voir sur leur cour de récréation la statue vénérée de Marie. Quand elle y sera, me disais-je, elle présidera à leurs jeux et leurs jeux seront plus innocents. Et puis il m'était doux de penser que Marie devrait à mon affection pour elle tant de vœux, d'hommages, de supplications qui lui seraient adressés. Mais je voulais que ce fût une œuvre de zèle, à laquelle tous pussent concourir dans la mesure de leurs moyens. J'annonçai donc une loterie. L'affaire fut chaudement recommandée à Marie, et chacun se mit à l'œuvre. Seize cents billets furent placés et bientôt nous eûmes la statue désirée [1]. » M. l'abbé Richard [2],

---

[1] Cette statue est la reproduction d'une vierge-mère, peinture du célèbre Overbeck. Elle est sortie des ateliers de M. l'abbé Choyer, d'Angers. Ces ateliers sont aujourd'hui dirigés par M. Moisseron qui a exécuté le monument du général de Lamoricière, dans la cathédrale de Nantes.

[2] M. Richard, aujourd'hui archevêque de Larisse, coadjuteur de Mgr l'Archevêque de Paris.

vicaire général et supérieur des maisons d'éducation du diocèse, en fit la bénédiction la veille de la distribution des prix, au mois d'août 1853. « Bénie soit, écrit M. Goudé, Marie ma bonne Mère qui m'avait inspiré cette pensée et me donna les moyens de la réaliser. Je n'ai jamais eu de plus douces jouissances que de travailler à faire aimer la sainte Vierge ; aussi dans les afflictions et les dangers m'a-t-elle toujours sensiblement consolé et protégé. O Marie, soyez toujours ma joie, mon espérance et mon salut ! »

L'institution Sainte-Marie continuait à prospérer ; à peine y avait-il place pour ses quatre-vingt-cinq élèves. Mais soit que ces élèves, devenus si nombreux, aient été trop difficiles à gouverner, soit que quelques professeurs fussent moins fermes et leur autorité moins respectée, la discipline se relâcha un peu. « Quelques élèves, esprits frondeurs et mauvaises têtes, écrit M. Goudé, ourdirent d'audacieuses cabales. Je me sentis trop faible pour lutter avec succès contre le torrent. Alors je vis qu'il était temps d'avoir recours à d'autres moyens qu'à ceux qui sont suggérés par la seule prudence humaine ; je songeai sérieusement à établir une congrégation de la très sainte Vierge. Sur-le-champ j'écrivis à Rome pour la faire affilier à la congrégation mère, afin de bénéficier des avantages spirituels attachés au sanctuaire de Notre-Dame de Lorette; et, au mois de mai 1854, les premiers congréganistes faisaient leur consécration entre mes mains. Quel bonheur ce fut pour moi de faire naître de jeunes cœurs à l'amour de Marie et de leur apprendre à la servir ! Comme je m'épanchais et me sentais consolé dans ces petites réunions où toutes mes paroles étaient comprises et bien reçues ! »

Cependant malgré l'établissement d'une congrégation, malgré les avis paternels ou les sévères remontrances du supérieur, les choses allaient de mal en pis Des nuages s'amoncelaient et montaient à l'horizon ; un ferment de discorde et de mauvais esprit gagnait de proche en proche et envahissait le petit collège. M. Goudé déplorait ces désordres et comprenait qu'une réforme était urgente ; mais il y voyait mille obstacles et ne se sentait pas le courage de la tenter. Certains désirs d'autrefois pour l'exercice du ministère paroissial se réveillèrent dans son esprit, et il se prit de dégoût pour la vie si aride du professorat. Abattu et découragé, il pensa à quitter Sainte-Marie ; et dans ces dispositions, il s'en ouvrit à Mgr Jaquemet (juillet 1854).

Le bon M. Dandé regretta cette démarche. M. Vrignaud, de son côté, écrivit au jeune démissionnaire pour lui rendre courage. Il lui faisait remarquer que le moyen dépassait complètement le but, et qu'il était facile de rétablir la paix à Sainte-Marie, sans en venir à de telles extrémités. M. Goudé persista cependant dans sa résolution. Alors Mgr Jaquemet, comprenant que toute instance était inutile, fit savoir au supérieur qu'il avait pourvu à son remplacement et qu'un poste lui serait donné dans la ville de Nantes.

Par une méprise inconcevable, le successeur qu'on avait donné à M. Goudé n'était pas bachelier ; aussi l'Université refusa-t-elle de reconnaître et de sanctionner la nomination de l'évêque. Dans cet embarras l'administration épiscopale crut devoir insister auprès de M. Goudé pour lui faire retirer sa démission. M. Vrignaud et M. Dandé l'invitèrent à venir à Nantes et tentèrent sur lui un dernier effort. M. Goudé, vaincu, courba la tête et consentit à reprendre son poste. Certaines modifications furent faites dans le personnel de la maison ; quelques élèves reçurent avis de rester chez eux, et ces mesures suffirent pour rétablir l'ordre et la discipline dans le collège de Châteaubriant.

Dans ces temps où M. Goudé avait éprouvé tant d'ennui et de dégoût, la sagacité naturelle de son esprit l'avait porté à faire quelques observations de mœurs fort curieuses, qu'on nous permettra de reproduire. Nous le faisons d'ailleurs sous toutes réserves et sans en prendre le moins du monde la responsabilité.

« Bien que les habitants de cette contrée, écrit-il dans ses Mémoires, soient susceptibles de culture intellectuelle, je n'ai point rencontré, sauf une exception, de sujets hors ligne. A quoi cela tient-il ? A plusieurs causes sans doute. D'abord à la situation de ce pays éloigné des grandes villes et comme perdu au milieu des bois, ensuite à la nature du climat humide et brumeux. Et qu'on ne dise pas que toutes ces choses sont sans influence sur les tempéraments et les caractères, autrement il faudrait affirmer que tous les peuples sont phy-

siquement, intellectuellement et moralement sem-
blables, sous toutes les latitudes ! Enfin la dernière et peut-être la cause prépondérante de cette
pesanteur d'esprit, je l'attribue à la boisson. Je
n'ai jamais pu vaincre mon antipathie naturelle
ou raisonnée contre le cidre. Ce nectar armoricain
est tellement chargé des éléments grossiers du
fruit d'où on le tire, qu'il ne peut qu'épaissir le
sang et les humeurs. »

Souvent, en effet, M. Goudé fit le procès de ce
qu'il appelait « *une liqueur digne des Béotiens.* »
Il ne put par ses joyeux propos ou ses plaisan-
teries parfois très vives, convertir ceux dont il
était devenu le concitoyen. Lui-même alors finit
par se convertir ou du moins se réconcilia quelque
peu avec le cidre. Il lui donna même, dans ses
dernières années, une large hospitalité, et lui fit
les honneurs de sa table.

Quant au climat et à la situation topographique
du pays nous ne voudrions pas assurément com-
parer le ciel de Châteaubriant au ciel de Naples.
Cependant nous sommes heureux de dire que les
sévères paroles de M. Goudé nous semblent avoir
été bien atténuées par la conduite qu'il tint dans

la suite. Il prouva, par l'exemple, qu'on s'acclimate très facilement au milieu des forêts de la Bretagne. Plus tard, en effet, lorsqu'il eut résigné ses fonctions de supérieur, il ne songea pas à retourner vers son pays natal. Châteaubriant était devenu son pays d'adoption, son pays préféré ; il voulut y passer ses derniers jours.

M. Goudé avait fondé la congrégation de la sainte Vierge. Ceux qui en faisaient partie augmentaient chaque jour et venaient grossir ce corps d'honneur, appelé à exercer une heureuse influence sur tcut le reste de la communauté. Une chambre fut bientôt trop étroite pour les contenir tous ; un petit sanctuaire devint alors indispensable pour servir de lieu de réunion.

A l'époque dont nous parlons (1856), les ressources étaient si modiques, qu'il fallut, encore une fois, songer à mettre à contribution toutes les personnes qui s'intéressaient à Sainte-Marie.

Sur les landes de Crocfer, une carrière de pierre fut abandonnée au supérieur pour servir à la construction de la chapelle en projet. Mais le rocher était des plus résistants et, par conséquent, l'extraction pouvait être fort coûteuse. Par un mouvement aussi généreux que spontané, élèves et professeurs s'offrirent pour le travail. Chaque semaine, au jour de promenade, la petite communauté se dirigeait fidèlement au lieu désigné, et les ouvriers improvisés rivalisaient d'ardeur dans un travail d'un nouveau genre et, pour le moins, aussi ardu qu'un thème ou une version.

La carrière était peu profonde et descendait en rampe douce. C'était un spectacle fort curieux de voir cet essaim d'écoliers échelonnés de distance en distance, et maniant avec plus d'ardeur que d'adresse le pic et la pioche. Le roc schisteux ne cédait qu'à de longs et pénibles efforts. Les petits travailleurs, les manches retroussées, le visage enflammé et le front ruisselant de sueur, frappaient et creusaient avec opiniâtreté, sans se décourager de l'ingratitude de la tâche et des minces résultats de leurs efforts. Le nombre et l'émulation remplaçaient la vigueur qui manquait.

Parfois des éboulements partiels venaient atteindre ceux qui occupaient les étages inférieurs. Alors des cris de douleur et d'impatience complétaient le tableau déjà si plein de vie, et avertissaient les mineurs d'en haut de prendre garde à leurs maladresses sous peine de subir la peine du talion. Puis, lorsqu'arrivait l'heure du retour au collège, on entassait toutes les pierres avec symétrie, afin de se donner la légitime jouissance de mesurer de l'œil le résultat obtenu.

Bientôt il fut temps de commencer les fondations de la chapelle. On s'était passé d'ouvriers carriers, on se passa encore d'architecte. M. Goudé s'adressa au Frère Lothier, alors directeur de l'école chrétienne de Châteaubriant. C'était un très habile homme dans la partie ; et, de concert avec le supérieur, il dressa les plans de la petite chapelle, et en surveilla les travaux avec un zèle et un talent qui lui valurent des félicitations bien méritées.

Les murs montaient à vue d'œil. Après quelques mois, on n'eut plus à s'occuper que de l'ornementation intérieure. Les dons se succédaient avec une profusion qui tenait du prodige. Évidemment la sainte Vierge s'intéressait à l'œuvre et travaillait, elle aussi, à l'érection du trône sur lequel elle allait s'asseoir pour bénir ses enfants et recevoir leurs hommages.

Tout fut terminé vers la fin d'avril 1857. M. Goudé songea alors à faire bénir cette petite chapelle si chère à son cœur. Qui donc inviterait-il pour cette cérémonie? Ce devait être sans doute son ami le plus cher ; celui qu'il avait tant aimé à Guérande et au séminaire des philosophes : M. l'abbé Laborde.

Depuis que M. Goudé était à Châteaubriant, M. Laborde avait quitté Nantes pour se livrer aux grandes études théologiques qui se font au séminaire de Saint-Sulpice. Ordonné prêtre à Paris au mois de décembre 1850, il avait été nommé secrétaire de Mgr Jaquemet, et en 1857, lorsque M. Goudé lui écrivait pour lui demander de bénir sa petite chapelle et de lui donner ce nouveau témoignage de son affection, M. Laborde était vicaire général honoraire.

La cérémonie eut lieu le 1er mai, et la petite chapelle fut bénite sous le vocable de saint Charles, patron des deux amis. M. Goudé était au comble du bonheur. Il prit la parole pour remercier en termes émus toutes les âmes généreuses qui avaient offert à Marie le vivant témoignage de leur amour. Le texte de son discours était tiré du livre des Paralipomènes : « *Elegi et sanctificavi locum istum ut permaneant oculi mei et cor meum cunctis diebus.* — J'ai choisi ce lieu et je l'ai sanctifié. Mes yeux et mon cœur y seront toujours attachés [1]. »

Il exposa d'abord la raison de ce petit sanctuaire. Après avoir dit quelles sources de bénédictions il serait pour les enfants qui viendraient y consacrer à Marie les plus belles années de leur jeunesse, et y mettre leur vertu sous la garde vigilante de la reine du ciel : « Nous vous avons vu, ajouta-t-il en s'adressant à ses enfants, nous vous avons vu prendre dans vos mains les instruments de l'ouvrier et consacrer à la fatigue des heures destinées au plaisir et au repos. Aussi, en considérant ces murs, vous pouvez dire : c'est nous qui les avons élevés ; et, en montrant les pierres de ces murs : elles ont été arrosées de nos sueurs et quelquefois teintes de notre sang. »

« Mais vous n'avez pas été seuls, mes enfants, à travailler à l'érection de ce sanctuaire. Bien des cœurs ont entendu votre appel ; bien des bourses

[1] II Paralip., VII, 16.

se sont ouvertes lorsque nous avons tendu la main en prononçant le nom de Marie. Notre saint évêque, les prêtres respectables qui l'entourent, d'anciens amis d'enfance, vos parents bien aimés , puis, des âmes sympathiques à cette maison, des cœurs charitables dont les noms ne sont connus que de Dieu et de ses anges, sont venus apporter le tribut de leur générosité..... Notre œuvre, dit-il en terminant, est un hymne d'amour à Marie. Ce monument, tout modeste qu'il est, attestera à ceux qui nous succéderont dans cet asile, et notre piété et notre filiale affection envers la reine immaculée de la terre et du ciel. »

Elle était vraiment belle cette petite chapelle, dans le style du XVᵉ siècle, avec sa grotte mystérieusement éclairée d'en haut par des rayons d'or, sa statue polychromée de Marie et ses gracieux vitraux [1].

Les dons avaient afflué de toute part pour la construction ; la générosité des bienfaiteurs ne s'arrêta pas en si bonne voie. Des lys, des cor-

---

[1] Ces vitraux ont été exécutés par des religieuses carmélites du Mans.

eilles de fleurs artificielles, des glycines aux rappes blanches et roses, de magnifiques prie-Dieu et des chaises recouvertes de damas bleu complétèrent l'ornementation intérieure. Aussi, lorsque l'année suivante Mgr Jaquemet vit cette petite chapelle revêtue, de la voûte aux dalles, de ses plus beaux ornements, ne put-il s'empêcher de dire : « Votre petit sanctuaire, mes enfants, est beau comme un paradis ! Qu'il fait bon y prier sous ce berceau de verdure et de fleurs ! »

Le 8 décembre, jour de la fête de l'Immaculée-Conception, les fleurs firent place aux lumières. La grotte, la statue, les arceaux, l'ogive des fenêtres devinrent étincelants et réflétèrent des gerbes de feux multicolores. M. Goudé, secondé par M. Bertrand [1] et par les congréganistes char-gés du soin d'orner la chapelle avait toujours des inspirations du meilleur goût.

Bientôt la congrégation y eut ses réunions régulières. A chaque fête de la sainte Vierge, M. Goudé célébrait la messe dans cette char-mante chapelle, en présence de ses enfants, et leur adressait ensuite de bonnes paroles. Si

---

[1] M. l'abbé Bertrand, actuellement curé de Saint-Lyphard.

quelque désordre ou un certain air de dissipation se répandait dans la maison, bien vite le pieux directeur convoquait ses congréganistes, et leur rappelait la mission qu'ils avaient à remplir à l'égard de leurs condisciples. Plusieurs fois par an, il y avait des réunions solennelles, et dans ces circonstances M. Goudé ne négligeait rien pour leur donner le plus grand éclat.

« Il me souvient, nous dit un ancien élève de Sainte-Marie, aujourd'hui professeur dans la maison [1], il me souvient d'y avoir entendu M. l'abbé Grasset, de l'Immaculée-Conception, ancien condisciple de notre supérieur. A la fin d'une touchante allocution, il fit allusion à ces heureuses années de Guérande où, séminariste, il aimait tant à venir s'asseoir avec son préfet si pieux aux pieds de la Vierge Marie. »

A l'époque du mois de mai, tous les élèves étaient admis dans la petite chapelle et venaient, après la récréation du soir, entendre le cher supérieur parler des gloires de Marie. Mais, à part cette époque de l'année, les congréganistes gardaient avec un soin jaloux l'entrée de leur cha--

____
[1] M. l'abbé Saintfort.

elle, et malheur à l'intrus qui s'y serait intro-
uit, sans titre, par curiosité ou par dévotion.
'il avait été pris en flagrant délit, il aurait payé
her la peine de son indiscrétion intempestive.

M. Goudé voulut distinguer les congréganistes
ar un signe extérieur qui leur rappelât en même
emps leur dignité et leurs devoirs. Il attacha sur
eur poitrine un petit ruban bleu, coupé par un
iséré blanc. Les jours de fête, ce ruban était
emplacé par une large rosette en soie bleue et
lanche, à l'extrémité de laquelle pendait une
nédaille de la sainte Vierge.

Aussitôt qu'un postulant avait prononcé son
cte de consécration, il portait ces insignes, et ses
ondisciples apprenaient, en l'en voyant ainsi
rné, qu'il devenait pour eux un modèle de sagesse
t de travail.

Deux supérieurs ont succédé à M. Goudé; les
raditions, croyons-nous, se sont fidèlement per-
étuées à Sainte-Marie et nous nous en réjouis-
ons ; car ces marques de distinction, petites en
lles-mêmes, agissent pourtant de la façon la plus
alutaire et la plus heureuse sur les jeunes ima-
ginations des enfants.

CHAPITRE IV

**Rapports de M. Goudé avec ses anciens condisciples. —
Avec sa mère. — Mort de sa mère.**

Pour obéir à la voix de son évêque et correspondre aux desseins de Dieu sur lui, M. Goudé
s'était éloigné de ses plus chères affections. Il
avait quitté cette ville de Nantes où demeurait sa
famille et où s'étaient doucement écoulés les jours
de son enfance. Il avait dit adieu à sa mère et
avait pris, sans hésitation et sans murmure, la
route de Châteaubriant. Puis Sainte-Marie était
devenue pour lui une nouvelle patrie, une patrie
d'adoption. Du premier coup il s'était intéressé à
cet établissement et se dépensait chaque jour davantage pour lui procurer la prospérité morale
et matérielle qu'il rêvait pour lui.

Tous ses instants, depuis le matin jusqu'au
soir, étaient comptés. Mais, ni les travaux de
toute sorte, ni les soucis inséparables de la condi-

tion de supérieur ne lui firent oublier ses anciens condisciples. Dans sa correspondance, il ne mesura point parcimonieusement le temps qu'il consacrait à ses rapports d'affection ou de charité. Il savait toujours s'ingénier et faire face à toutes ses charges.

Qu'on nous permette de remonter de quelques années en arrière. M. Laborde était encore au séminaire de Saint-Sulpice quand M. Goudé sollicita comme une grâce et obtint qu'Athanase, un des frères du jeune séminariste, vînt continuer ses études au collège de Châteaubriant. Ainsi, pour le cœur aimant de M. Goudé, le plus jeune frère tiendrait la place du frère aîné; il lui en rappellerait à chaque instant l'air, le visage et les traits.

Plus tard, Athanase Laborde devint lieutenant de vaisseau. La plus belle carrière s'ouvrait devant lui; mais elle se termina brusquement par une mort héroïque.

Le 21 décembre 1870, il était un des officiers qui commandaient les marins à l'attaque du Bourget. Ces braves se précipitaient avec leur entrain ordinaire sur les retranchements prussiens. Un feu terrible les écrasait. Athanase Laborde, à la tête de sa compagnie, s'élança le premier sur le talus en s'écriant : « En avant! » Il tomba glorieusement frappé de sept balles.

« Ce jour-là, dit le rapport officiel, sur six cents marins, deux cent soixante-dix-neuf manquèrent à l'appel. Quatre officiers avaient été tués, et huit étaient mortellement blessés. »

La veille du combat, ce jeune héros avait écrit à son frère la lettre suivante :

« Saint-Denis, 20 décembre 1870, 3 h. après midi.

« Mon cher Charles,

« Nous allons au feu demain; le bataillon dont « je fais partie doit enlever une position, sans « doute bien défendue. Je vais remettre ces quel- « ques mots au commissaire pour qu'il te les « envoie, si je ne reviens pas. Ils seront proba- « blement les derniers, car je doute que nous « soyons prisonniers. Il n'y a pour nous qu'une « alternative : le succès ou la mort. L'opinion « publique à notre égard est trop flatteuse pour « que nous ne la justifiions pas.

« J'éprouve en ce moment une légère impres-

« sion, mais qui n'a rien de désagréable et qui ne
« tient en rien de la peur. Je veux faire mon de-
« voir; et la cause pour laquelle je vais risquer
« mon existence est trop belle et trop juste pour
« qu'un regret vienne m'attrister.

« J'espère revenir, et alors cette lettre que
« j'écris serait brûlée et je t'annoncerais avec joie
« notre succès et mon retour.

« Mais qui sait? L'avenir est incertain; et si je
« meurs, ma dernière pensée sera pour vous tous
« qui m'aimez tant. Tu adouciras la triste nou-
« velle à notre bonne mère et tu la consoleras.
« Vous pourrez être fiers de moi, car je serai mort
« pour vous et pour la France!

« A tous, mes derniers et meilleurs baisers.

« Ton frère et ami dévoué.

« A. LABORDE. »

Quelle noble fermeté, quel courage et quel dévouement respirent ces lignes dignes d'un *cheva-
lier français!*

Écoutons maintenant le rapport d'un des marins
qui combattirent aux côtés d'Athanase, le rele-
vèrent lorsqu'il tomba et le transportèrent à l'am

8

bulance, alors qu'il répandait son sang par les sept glorieuses blessures qu'il avait reçues.

« Un brancard ayant été apporté, des soldats de la ligne se sont présentés pour transporter le brave lieutenant. Mais lui, avec une extrême douceur, a demandé qu'on eût la bonté — c'est son expression — de le faire porter par des hommes de son Corps. En effet, quatre marins furent mandés, et ce sont eux qui l'ont porté jusqu'à l'ambulance, l'espace de plus de deux kilomètres.

« Fidèle à son habitude de sollicitude pour ses hommes, il voulait leur faire placer leurs fusils sur le brancard, afin qu'ils eussent moins de peine à marcher.

« Fidèle aussi aux croyances de sa première éducation, il faisait de temps en temps le signe de la croix, comme pour puiser dans ce signe sacré la force d'accomplir son sacrifice.

« Il a expiré en arrivant à l'ambulance [1]. »

---

[1] Le jeune marin a encore raconté, avec une émotion profonde, que souvent il avait vu son excellent officier distribuer à ses hommes ce qui devait faire son propre repas. — Il vivait au milieu d'eux ; il partageait leurs travaux et leurs fatigues, et leur donnait bien volontiers tout ce qui aurait pu lui procurer quelque bien-être.

Lorsqu'on lit le récit de telles morts, l'admiration commande à la douleur et arrête le cours des larmes.

M. l'abbé Laborde, disions-nous, était encore à Saint-Sulpice, et il ne manifestait qu'un désir, celui de devenir un des professeurs de Sainte-Marie, et de se consacrer, avec son ami, à l'œuvre de l'éducation. « L'année prochaine, lui disait-il, « mon séminaire sera fini. Il ne me faudra plus « qu'une petite place quelque part ; et, cette place, « pourquoi ne me la donnerait-on pas à côté de « toi ? Si je dois être professeur, pourquoi ne se- « rait-ce pas à Châteaubriant ? »

Puis, dans la même lettre, M. Laborde annonce à M. Goudé la mort de M. de Courson. « Quelle « perte nous avons faite dans la mort de notre « bon et vénéré M. de Courson ! Ah ! mon cher « ami, sa mort a fait couler bien des larmes ! Elle « laisse un grand vide. Mais, quelle sainte mort ! « Je suis un de ceux qui l'ont vu le plus souvent « dans sa dernière maladie ; aussi ne perdrai-je « jamais le souvenir des beaux exemples de dou- « ceur, de patience et de résignation qu'il nous a « donnés. »

Les désirs de M. Laborde ne devaient pas se réaliser. Mgr Jaquemet, avant le Concile de la province de Tours, était allé se recueillir pendant quelques jours au sémimaire de Saint-Sulpice et préparer en même temps, dans le calme et la retraite, la matière du futur Concile. M. Laborde avait été désigné pour assister à l'autel son évêque, et Sa Grandeur avait bientôt pris en singulière estime son jeune séminariste. Celui-ci reçut la consécration sacerdotale à l'ordination de Noël 1850. Quelques jours après, Mgr Jaquemet l'appela auprès de lui et le nomma son secrétaire.

Ce choix de Mgr Jaquemet combla de joie M. Goudé. D'abord son ami obtenait une position plus élevée; puis, comme le supérieur de Sainte-Marie était obligé d'aller de temps en temps à Nantes, il espérait rencontrer à chaque voyage celui qui avait une si grande place dans son cœur.

Lorsqu'arrivait la Saint-Charles, fête commune des deux amis, leurs prières se mêlaient à leurs vœux, et nous avons sous les yeux de nombreux et touchants témoignages de l'affection qui les unissait.

Le 2 novembre 1851, M. Laborde écrivait à M. Goudé :

« Cher et bien-aimé Supérieur,

« Il y a huit ans à pareil jour et à pareille
« heure, ma bonne Désirée, que le bon Dieu m'a
« enlevée, m'écrivait pour me souhaiter ma fête
« et m'adressait les vers suivants que je n'ai point
« oubliés :

> Pour célébrer d'un jour l'heureux anniversaire,
> On offre des présents, on offre des bouquets.
> Moi je n'ai, pour fêter le nom d'un tendre frère,
>   Rien...... rien que mes souhaits.
>
> Ma plus tendre prière à l'autel de Marie,
> Un regard vers le Ciel, où chantent les élus,
> Un immortel rayon d'espérance bénie,
>   Mes vœux et rien de plus.
>
> J'aurais voulu pourtant à ton âme surprise
> Offrir un doux présent, un présent fraternel;
> Mais je sais que tes vœux, permets que je le dise,
>   Tendent tous vers le Ciel.
>
> C'est là qu'est le bonheur que rien ici ne donne,
> C'est là que pour toi prie un divin protecteur,
> C'est là qu'à ton espoir se montre une couronne,
>   C'est là que vit ton cœur !

8.

Quand M. Goudé éprouva à Châteaubriant ses premiers ennuis, lorsqu'il pensa à quitter Sainte-Marie, M. Laborde s'efforça de le consoler.

« La vie, lui disait-il, n'est que souffrance et « séparations. Il y a des fleurs d'amitiés qu'on a « semées, qui naissent et qu'il faut abandonner « quand leur parfum est le plus doux. Nous en « avons fait la triste expérience l'un et l'autre; « mais consolons-nous en cherchant le Dieu des « consolations et non pas les consolations de « Dieu. Un jour viendra où nous serons unis à « jamais et où notre amour fraternel, épuré par « l'amour divin, sera pleinement satisfait. Mais, « avant notre éternelle union, la mort viendra « nous séparer. Mon Dieu, qu'il sera cruel le « coup qui brisera nos liens sur cette terre! Com- « bien alors, Seigneur, nous aurons besoin, pour « nous soutenir, de votre grâce et de la pensée du « Ciel! »

Bien que les relations de M. Goudé avec M. Laborde fussent fréquentes, il trouvait encore le temps de converser longuement avec son ancien ami de Saint-Rémy, alors professeur au petit séminaire de Mongazon.

« Tu connais le peuple écolier, lui disait-il à
« son arrivée au collège de Châteaubriant. C'est
« un peuple léger et capricieux, ami de la nou-
« veauté et de l'indépendance, et toujours prêt à
« secouer un joug dont il sait bien pourtant qu'il
« ne pourra pas s'affranchir. La belle langue que
« nous avons mission de lui apprendre, pour en
« faire des disciples de Pythagore, n'a pour lui
« aucun attrait. La loi du silence est un frein
« qu'il blanchit d'écume. J'ai soixante-quatre
« âmes à conduire à Dieu et à former à la science
« et à la vertu. Quelle lourde responsabilité pèse
« sur mes épaules! Cependant, Dieu soit béni!
« Je sens de plus en plus que sa main me conduit
« et qu'il multiplie ses grâces à mesure que mes
« besoins augmentent. *Infirma mundi elegit*
« *Deus ut confundat fortia*[1]. C'est un si habile
« ouvrier qu'avec le plus chétif instrument, il fait
« les ouvrages les plus merveilleux. »

Une autre fois, M. Goudé écrivait à M Jannin
au commencement de mai :

—

[1] I Corinth., 1, 27.

« Bien cher ami,

« Je viens de finir notre fameux monument
« pour le mois de Marie. C'est un rocher, d'une
« vingtaine de pieds, recouvert de mousse et sur
« le sommet duquel nous avons élevé la statue de
« notre Mère. Que de précieux souvenirs ce mois
« n'éveille-t-il pas dans ma mémoire ! Mon cœur
« en est tout embaumé. Que j'étais heureux
« lorsque, simple congréganiste, j'élevais de mes
« mains, à la sainte Vierge, des autels de ver-
« dure et de gazon ! Mais, suis-je moins heureux,
« à présent que je lui en fais élever et que je fais
« chanter ses louanges par tant de bouches et de
« cœurs innocents ? Ah ! vraiment, l'amour de
« Marie répand sur notre vie un charme éton-
« nant. Aimons donc de plus en plus cette bonne
« Mère. Notre plus douce consolation, au dernier
« jour, sera de l'avoir aimée et de l'avoir fait
« aimer. »

Parmi les nombreuses lettres de ses amis que
M. Goudé a conservées, nous avons trouvé une
curieuse prédiction qui s'est d'ailleurs en tous
points réalisée. « Je vois de temps en temps

« M. le Secrétaire de Monseigneur, écrivait à
« M. Goudé M. de Tréméac, alors au grand
« séminaire. Il est toujours bien bon et bien
« aimable. Souvent il prêche à l'Immaculée-Con—
« ception, et toujours avec succès. Pour monter
« en chaire, il revêt le camail noir, sans bordure
« rouge. Le vrai camail, celui de chanoine, lui
« sera donné plus tard en attendant mieux
« encore. »

Si M. Goudé se fit un plaisir d'écrire à ses
anciens condisciples, il considéra comme un
devoir d'entretenir avec sa mère une correspondance suivie et ce devoir lui fut toujours doux à
remplir.

Nous avons entre les mains presque un volume
de lettres qu'échangèrent, pendant neuf années,
la mère et le fils Elles seraient vraiment toutes à
citer. Dans chacune, en effet, se révèlent des trésors de piété filiale ou d'amour maternel. Neuf
années durant, M. Goudé confia à sa mère toutes
ses pensées, ses joies et ses peines; neuf années,
il soutint le courage de cette mère au milieu des
plus grandes souffrances et des plus poignantes
afflictions. Ses lettres sont, en un mot, un admi-

rable mélange de la tendresse d'un bon fils et de la vertu d'un saint prêtre, et semblent moins écrites avec sa plume qu'avec son cœur.

Chaque année, à la Saint-Clair, des lettres partaient de Châteaubriant, apportant à Mme Goudé les souhaits de son fils.

« Sois sûre, bien chère mère, lui disait-il « en 1850, que je penserai à toi au Saint Sacri- « fice. Je puis quelquefois oublier ce que je confie « à mon esprit ; jamais ce que je confie à mon « cœur. Je vais donc charger ton saint patron de « te préparer lui-même quelques bouquets com- « posés de ces fleurs qui ne se fanent point, de « ces fleurs du ciel dont le parfum embaume « l'âme et lui procure tant de bonheur. Je ne puis « pas être refusé ; une prière fervente, tu sais « bien, est toujours exaucée et la mienne n'est « jamais plus fervente que quand elle est pour toi. « Au revoir, chère bonne mère. Que Dieu soit « notre consolateur dans les peines de cette vie et « notre récompense un jour ! »

« Merci mille fois de tes bons souhaits, écri- « vait M. Goudé à sa mère quelque temps « après la Saint-Charles. Ils sont venus déli-

« cieusement compléter ceux que m'ont offerts la
« joyeuse et sémillante jeunesse de Sainte-Marie
« qui se pressait autour de moi au soir du
« 3 novembre. On a tiré, sur la cour, un superbe
« feu d'artifice, et le lendemain a eu lieu une
« magnifique promenade en voiture à l'abbaye de
« Meilleraye. Tout le monde était heureux ; sur-
« tout le pauvre supérieur...... Je me réjouis des
« bonnes nouvelles que tu m'as données du cher
« *petit père* Averty. J'espère qu'il nous reviendra
« avant un mois puisque la guérison avance à si
« grands pas[1]. »

Un jour, M. Goudé reçut un numéro d'un
journal d'horticulture. Il contenait un article,
portant la signature d'un de ses oncles, sur la
culture du *Scolyme d'Espagne*. « Ce légume,
« écrivait-il à sa mère, ressemble si fort au char-

---

[1] M. Averty avait été atteint d'une grave maladie et était
allé, d'après les conseils de M. Goudé, se faire traiter
à Nantes. Ce prêtre, qui a passé plus de quinze années au
collège de Châteaubriant, s'était lié d'une étroite amitié
avec son supérieur. Il vient de mourir curé de Soulvache,
dans les derniers jours de janvier 1882, suivant de près
dans la tombe celui avec qui il avait passé de si heureuses
années.

« don, que c'est à s'y méprendre. Aussi trouve-
« t-on peu d'amateurs qui veuillent se mettre au
« régime des ânes. Je vais cependant en essayer.
« Ce cher oncle vient, dit le journal, de recevoir
« une mention honorable. Doit-il être fier et heu-
« reux ! Ah ! les hommes, les hommes !... quand on
« les voit s'occuper sérieusement de ces misérables
« riens, n'a-t-on pas raison de les appeler de
« grands enfants ? »

En 1855, au jour de la fête de M. Goudé, les
professeurs et les élèves se cotisèrent pour lui
offrir un cœur en vermeil. Dans ce cœur étaient
renfermés les noms de tous ceux qui lui étaient si
chers.

L'année suivante l'offrande fut complétée.
Douze petits cœurs, du même métal, furent réunis
au grand cœur par des chaînettes. Lorsque le
présent fut remis avec un gracieux compliment,
Mme Goudé était présente. Elle était vraiment
radieuse du bonheur de son fils. Ce souvenir fut
précieusement encadré et fixé sur un fond de
velours rouge. Aux fêtes de la congrégation, le
cadre était suspendu près de l'autel ; et, dans sa
chambre, M. Goudé le mettait auprès du portrait

de sa mère. « J'ai sous les yeux, disait-il à M. Bertrand, tout ce qui m'est le plus cher : ma mère et mes enfants. »

Dans sa retraite, M. Goudé donna encore à ce souvenir une place d'honneur, et ceux qui l'ont visité alors ont pu remarquer deux cadres posés sur la cheminée de sa chambre et au haut desquels il attachait, chaque année, quelques immortelles, comme emblême de l'impérissable affection qu'il avait vouée à sa mère et à ses élèves [1].

Mais les jours de paix et de bonheur allaient finir ; bientôt les inquiétudes et les chagrins devaient s'abattre sur M. Goudé et l'atteindre dans ses plus chères affections.

D'inextricables embarras pécuniaires, l'abandon de sa famille et de ses amis au milieu de l'adversité, une procédure qui devait aboutir à un échec immérité, et bien d'autres peines intimes avaient plongé Mme Goudé dans un profond découragement. Seul, son Charles bien-aimé pouvait lui faire entendre des paroles de consolation.

[1] M. le curé de Béré a offert à Sainte-Marie ce précieux souvenir, et on nous apprend qu'il occupe une place d'honneur dans la chapelle de Congrégation, chapelle bâtie par M. Goudé.

« Désormais, chère bonne mère, lui écrivait-il,
« j'aurai à demander à Dieu une grâce que je ne
« lui ai encore jamais demandée : c'est qu'il ne
« permette pas que tu restes après moi sur la
« terre. Si je devais te précéder dans la tombe,
« quel chagrin ce serait pour moi ! Que devien-
« drais-tu après moi ? Qui t'aimerait comme je
« t'aime ? Qui aurait soin de toi ?... Et pourtant,
« si tu m'étais enlevée, combien pénible serait
« cette solitude autour de moi ! Rien ne m'atta-
« cherait plus à ce monde où je me trouverais
« dans une condition pire que l'exilé. Mais, ne
« perdons pas confiance en Dieu, bonne mère ;
« voici, au contraire, le moment de nous aban-
« donner entre les mains de sa Providence. »

Bientôt, aux souffrances morales vinrent se
joindre les douleurs physiques. Mme Goudé était
atteinte dans les sources mêmes de la vie. De son
côté, M. Jannin voyait sa mère s'éteindre peu à
peu dans les étreintes d'une longue maladie.

M. Goudé écrivait à son ami pour le consoler
et lui faire part de l'analogie de leur existence si
cruellement tourmentée.

« Bien cher Louis, lui disait-il, Dieu m'a

« envoyé une croix à peu près semblable à la
« tienne. Ma mère vient d'être atteinte d'une
« maladie très grave et je suis dans la plus grande
« inquiétude à son sujet. Assister à sa destruction,
« se sentir mourir lentement et dans des douleurs
« aussi aiguës pour la patiente que repoussantes
« pour ceux qui en sont les témoins : voilà un
« rude tourment pour une âme qui n'appréhendait
« rien tant que certaines souffrances. Tu sens,
« mon cher ami, que nous avons besoin de nous
« voir, pour parler de nos peines communes. Ce
« n'est pas assez de s'écrire ; une lettre ne peut
« suppléer à la parole d'un ami à son ami......
« Que je t'apprenne une nouvelle qui doit t'inté-
« resser. Notre humble petit collège de Chauvé
« subsiste ; mais, tout à côté, on en a élevé un autre
« qui domine et efface l'ancien. C'est comme un
« cèdre à côté d'une fougère... On en a fait der-
« nièrement la bénédiction et j'ai voulu y assister.
« A leur grand regret, Monseigneur et M. Dandé
« n'ont pu y venir à cause de leur mauvaise
« santé. Le P. Lavigne, un des premiers élèves
« de Chauvé, est arrivé de Toulouse, à l'invita-
« tion du bon curé et a porté la parole. Toi seul

« me manquais, cher ami. Tu aurais tant aimé à
« contempler la superbe église qui s'élève sur les
« ruines de l'ancienne ! J'espère qu'un jour nous
« y retournerons ensemble. »

Quelques semaines après avoir envoyé cette
lettre, M. Goudé recevait la nouvelle de la mort
de Mme Jannin.

« La volonté du Seigneur s'est donc accomplie,
« écrivait-il à son ami. Dieu vient de te rede-
« mander cette mère qu'il t'avait donnée ! Pauvre
« ami, c'est un grand sacrifice que celui-là ; et,
« le cœur a beau y être préparé, la blessure est
« toujours vive et profonde. Que ton cœur si bon,
« si tendre, si généreux a dû souffrir dans la
« lutte suprême que la mort livre à la nature ! Tu
« as été le modèle des bons fils par les soins
« empressés et constants que tu as donnés à ta
« mère, durant le cours de sa longue maladie.
« Autant que tu l'as pu, tu as adouci ses douleurs,
« soutenu son courage, fortifié sa foi. Du haut du
« ciel, elle te bénira. Ma pauvre mère, elle aussi,
« n'est pas sans me donner bien des inquiétudes.
« Son terrible mal semble s'être un peu calmé ;
« mais je crains qu'il ne se réveille. Dieu veuille

« écouter mes prières et éloigner le danger !

« Adieu, mon bien cher, soyons toujours unis
« de cœur et de foi, et que cette vieille et sainte
« union nous aide à porter plus facilement le far-
« deau des tribulations que le Seigneur nous
« envoie. »

En même temps qu'il compatissait au deuil de
son ami, M. Goudé essayait de consoler sa mère,
alors retombée sur son lit de douleur.

« Dieu nous éprouve, ma bonne mère, lui
« écrivait-il : toi, par la souffrance, nous, en
« voyant souffrir ce que nous aimons le plus ici-
« bas. Malgré cela, il veut notre bien et nous
« savons que c'est avec la même main qu'il afflige
« et console, châtie et pardonne, et enfin couronne
« dans le ciel. Oh, que ta résignation et ton cou-
« rage me font de bien ! Puissent-ils toucher le
« cœur de Dieu et nous obtenir l'effet de nos fer-
« ventes prières ! Bon courage, chère mère ;
« quand on est malade, il faut abandonner son
« corps aux médecins et son âme à Dieu. »

Depuis longtemps déjà, M. Goudé avait le
secret pressentiment de la mort de sa mère.
Aussi, lorsqu'une soudaine recrudescence du mal

l'appela à Nantes, lorsqu'une lettre vint lui annoncer que tout espoir était perdu, semblait-il préparé au coup qui l'allait frapper.

Il a laissé, dans ses Mémoires, une page touchante sur la maladie et la mort de celle qu'il avait tant aimée.

« Le 12 mars 1857, j'avais eu le malheur de perdre mon excellente et très pieuse mère, après plusieurs mois de tortures incroyables. Dieu le permettait ainsi pour purifier davantage l'âme de sa servante et nous faire expier, à nous, nos fautes en faisant souffrir nos cœurs par le spectacle de tout ce qu'elle souffrait dans son corps. Elle avait une si grande horreur des opérations chirurgicales qu'elle m'avait toujours déclaré qu'elle leur préférait la mort. Un seul motif la détermina à les subir : l'amour qu'elle avait pour ses enfants. Elle se sentait encore nécessaire à leur bonheur. Toute sa vie avait été un continuel sacrifice de son repos et de ses goûts pour assurer leur avenir ou leur salut ; elle voulut en couronner la longue chaîne par l'acceptation de tout ce qui lui coûtait le plus.

« Ce fut le 20 janvier 1857 qu'elle fut mise

entre les mains de l'opérateur. Ceux qui n'ont jamais assisté à ces opérations chirurgicales ne peuvent s'en faire une idée. Les victimes que l'on amenait autrefois sous le couteau de l'immolation n'étaient pas plus défigurées que cette pauvre mère. On essaya de la chloroformer. Le remède produisit un effet contraire, en la jetant dans une crise nerveuse indescriptible ; car l'opération était commencée. Jetons un voile sur ce qui se passa alors, sur ses paroles, ses cris, ses souffrances...... Nous étions tous près d'elle, subissant un autre genre de martyre. Tout cela, hélas ! devait être inutile.

« Pendant les quinze derniers jours de sa douloureuse maladie, ma seule consolation fut de lui procurer tous les secours de la religion. Depuis longtemps l'existence de cette vertueuse femme était une préparation à la mort ; je la vis cependant, en ces derniers jours, se rattacher à la vie avec un amour dont je demeurai surpris. Je dus m'armer d'une fermeté qui lui commandât presque, afin de combattre les raisons qu'elle alléguait pour remettre la réception des derniers sacrements, à laquelle elle était pourtant si bien préparée. Bientôt, se sentant défaillir, elle m'appela seul près de son lit. Je me penchai vers elle et l'inondai de mes larmes. Elle ne put y mêler les siennes : ses horribles souffrances en avaient tari la source. Alors elle me confia d'une voix calme ses dernières volontés.

« Ses vœux sont accomplis, car la paix et la concorde n'ont pas été un seul instant interrompues parmi ses enfants. Je reçus sa dernière bénédiction et comme le dernier regard de son âme.

« Dieu seul a pu savoir combien fut sombre et triste le deuil qui m'enveloppa alors que je me vis privé de ma mère. C'était le seul bien auquel je tins sur la terre. Je sentais que son affection pour moi était la seule vraie, dévouée, désintéressée, à l'abri des altérations du temps et des évènements. Ah ! c'est que j'aimais bien ma mère ! C'était à elle, après Dieu, que je devais tout ce que j'étais.

« La sensibilité de cette femme était extrême ; elle avait une tendresse de cœur infinie pour tous ceux qui souffraient ; aussi aimait-elle les pauvres. Que de beaux exemples en ce genre ne m'a-t-elle pas laissés ! Sa piété allait jusqu'à la vertu. Pendant vingt années, elle s'est consacrée, sans relâche, aux intérêts et au salut de ses enfants. »

A la nouvelle de cette mort, Mgr Jaquemet prit part à la peine de M. Goudé.

« Je sais, mon cher ami, lui écrivit-il, com-
« bien vous aimiez l'excellente mère que Dieu
« vous avait donnée. Je comprends, en la parta-
« geant, la douleur de votre piété filiale. C'est là
« un de ces coups qui brisent notre pauvre cœur.
« Mais, vous avez pris le bon parti. Vous baisez,
« au milieu de vos larmes, la main qui vous a
« frappé. Continuez à souffrir avec amour et avec
« résignation.

« Après votre malheur, vous me serez plus cher
« encore que par le passé : je tâcherai de rem-
« placer votre mère. Et, suivant votre pieux désir,
« je porterai son souvenir et le vôtre dans mes
« prières.

« Je suis tout à vous.

« † ALEXANDRE,
« Évêque de Nantes. »

Quelques jours après les funérailles, et lorsqu'il fut de retour à Sainte-Marie, M. Goudé
écrivit à M. Jannin une touchante lettre.

9.

« Le malheur que j'appréhendais, mon cher
« ami, lui disait-il, est consommé, et comme toi,
« je n'ai plus de mère sur la terre. Dieu me l'a
« redemandée au moment où je croyais la voir
« revenir à la santé. Elle avait fait de grands
« sacrifices pour acheter quelques années de vie ;
« mais Notre-Seigneur avait d'autres desseins sur
« elle. C'est le jeudi, 12 mars, à neuf heures et
« demie du soir qu'elle a remis entre les mains
« de son créateur une âme brisée, mais purifiée
« par la souffrance ; car elle a souffert jusqu'à la
« dernière heure, et l'on peut dire que ses quinze
« derniers jours n'ont été pour elle qu'une longue
« et douloureuse agonie.

« Maintenant, mon ami, me voilà sans toit,
« sans foyer paternel. Le dernier lien terrestre
« qui me rattachait à la vie vient de se briser.
« Que la sainte et adorable volonté de Dieu se
« fasse ! Les jours que j'ai à passer ici-bas seront
« courts, et la mort réunira dans le sein de Dieu
« ceux qui s'aimaient tant sur la terre. La res-
« semblance de notre position à tous les deux,
« nos mêmes chagrins resserreront encore davan-
« tage, mon bien cher, les liens d'amitié qui nous

« unissent. Nous prierons ensemble pour nos
« deux mères ; ensemble nous en parlerons,
« ensemble nous nous consolerons d'une perte
« que rien ne peut compenser par ailleurs. »

M. Goudé voulut qu'un service solennel fut
célébré dans la chapelle Sainte-Marie pour le
repos de l'âme de sa mère. M. Nouel[1], alors curé
de Saint-Jean-de-Béré, présida la cérémonie
à laquelle assistait la communauté tout entière.
C'était un véritable deuil de famille.

Ne semble-t-il pas, en effet, qu'en partageant
une douleur, l'amertume en soit quelque peu dimi-
nuée ?...

Les larmes des enfants se mêlèrent aux larmes
du père et leur prière à sa prière ; et, ce fut un
touchant spectacle, nous rapporte un témoin ocu-
laire, de voir éclater, de part et d'autre, tant
d'amour filial.

[1] M. Nouel, actuellement curé de Saint-Jacques, à Nantes.

CHAPITRE V

Construction du grand bâtiment. — Mois de Marie de l'Écolier. — Le Collège. — Mort de M. Dandé.

Depuis longtemps, M. Goudé songeait à effectuer un travail très important, objet de ses vœux les plus ardents et de ses continuels sacrifices.

Pour abriter tous les enfants qui se présentaient à Sainte-Marie, les bâtiments étaient devenus insuffisants : il voulut les accroître. Chaque jour il économisait dans cette pensée, et, lorsqu'il crut le moment arrivé de mettre la main à l'œuvre, il fit venir un architecte et lui demanda des plans et un devis d'estimation.

Sur un rapport de M. Goudé, l'évêché de Nantes jugea que les besoins d'agrandissement étaient urgents, et donna sans retard et sans restriction l'approbation sollicitée. Alors les ouvriers arrivèrent et on commença, aux vacances de l'année 1858, à creuser les fondations du nouvel édifice.

Cependant le supérieur avait des inquiétudes ; il craignait d'avoir outre-passé ses droits légaux en négligeant de demander l'alignement réglementaire. Certains démêlés antérieurs avec les administrateurs de la ville lui avaient enseigné la prudence, et il jugeait que dans cette vertu le défaut est plus à craindre que l'excès. Il s'adressa à M. Béchu du Moulin-Roul, élu maire de Châteaubriant l'année précédente.

C'était une heureuse inspiration. En effet, le chemin qui longe Sainte-Marie au nord venait d'être classé. Il devenait chemin de grande communication, et une enquête était ouverte à la mairie pour son redressement et son élargissement.

De nombreuses réclamations et des expropriations judiciaires faisaient nécessairement traîner en longueur le tracé de la route projetée. M. Goudé réclamait inutilement et se demandait quand on pourrait en finir, lorsqu'une proposition lui fut faite, proposition dérisoire. « Reculez, lui disait-on, vos constructions de sept mètres. » Le supérieur refusa net. Il préféra attendre patiemment l'heure favorable. Tous les ouvriers furent congédiés et l'entreprise ajournée à dix mois plus tard.

A cette époque arriva la mort de M. l'abbé Ribot. Mgr Jaquemet se trouvait sur les entrefaites en visite pastorale dans la contrée. Il vint à Béré et y administra le sacrement de confirmation. Sa Grandeur pourvut alors au remplacement du curé défunt, et son choix tomba sur M. l'abbé Mahé, précédemment vicaire à Saint-Nicolas de Châteaubriant[1].

En même temps, Monseigneur s'occupait du collège Sainte-Marie. Il encouragea vivement M. Goudé dans ses projets, approuva sa conduite dans les circonstances présentes et l'engagea à construire aussitôt que faire se pourrait. Enfin,

[1] M. l'abbé Ribot avait été curé de Châteaubriant pendant trente-sept ans. Né à Nantes en 1790, il fut mis en possession de la cure de Châteaubriant le 22 juillet 1821, après avoir été quelques années seulement vicaire à la cathédrale. Avant lui, les doyens résidaient à Béré ; le premier, il vint s'établir à Châteaubriant. — Depuis la Révolution, l'église Saint-Jean de Béré était restée fermée, au grand scandale de toute la ville. Ce ne fut qu'en 1839 que l'évêché obtint qu'elle fut rendue au culte et érigée en succursale.

huit mois plus tard, le 1ᵉʳ mars 1859, toutes les difficultés furent levées. Le supérieur, muni de l'autorisation légale, put définitivement asseoir les fondations des bâtiments qui servent aujourd'hui de salle d'étude et de dortoirs. Il n'avait rien perdu pour attendre ; au lieu de reculer de sept mètres, il avança de trois.

Au milieu des soucis que lui causaient ses travaux de construction, M. Goudé ne négligeait pas la direction morale de sa maison. Sa congrégation surtout attirait la meilleure part de sa sollicitude. L'expérience, en effet, lui avait montré quel rôle elle avait dans la maison, et quels précieux auxiliaires il trouvait dans ces jeunes enfants de Marie pour le maintien de l'ordre et de la discipline.

Les dons continuaient à affluer dans sa petite chapelle ; M. Richard lui-même, au retour d'un voyage à Rome, voulut apporter son présent. « On « avait su, écrit-il à M. Goudé, jusque dans la « Ville Éternelle la grande solennité de la béné- « diction de votre chapelle de congrégation, si « dignement présidée par M. Laborde. J'ai hâte, « pour ma part, d'aller voir ce nouveau monu-

« ment. J'ai pensé que vous seriez heureux de
« l'enrichir de quelques reliques, et je vous ai
« apporté de Rome celles de saint Louis de Gon-
« zague et de saint Stanislas Kostka. Vos chers
« enfants aiment déjà ces deux modèles de la jeu-
« nesse studieuse ; j'espère qu'ils les aimeront en-
« core davantage, lorsqu'ils posséderont le pré-
« cieux souvenir que je leur envoie. »

M. Goudé, à son tour, eut une offrande à présenter au petit sanctuaire qu'il avait élevé, et cette
offrande ne fut ni la moins bonne ni la moins
agréable au cœur de Marie.

« Le désir de glorifier la très sainte Vierge,
écrit-il dans ses Mémoires, avait de tout temps été
ma pensée dominante ; je voulus la faire aimer
encore après moi et donner ainsi à mon amour
une sorte d'immortalité. Je composai un Mois de
Marie spécialement destiné aux élèves des maisons ecclésiastiques. Plus je vivais au milieu
des enfants, plus j'étais frappé de l'absence de
livres écrits particulièrement pour eux. Je tra-
vaillai pendant deux ans à la composition de cet
ouvrage et il fut imprimé à Nantes en 1858 avec
permission de Monseigneur. »

« Une année avant l'apparition du livre, nous
« écrit un ancien élève de Sainte-Marie, pendant
« tout le mois de mai, le zélé supérieur nous re-
« commanda chaque soir une intention particu-
« lière. Chaque soir il revenait à la charge avec
« insistance. Nous étions intrigués. Quelques pa-
« roles échappées à nos professeurs nous mirent
« sur la voie. Enfin, au mois de mai 1858, nous
« pûmes écouter, dans la plus silencieuse atten-
« tion et avec le plus vif intérêt, la lecture de ce
« petit livre fait tout exprès pour nous et à la com-
« position duquel nous avions concouru par nos
« prières. »

Le Mois de Marie de l'Écolier est écrit avec la
simplicité charmante qui convient à un livre dédié
à l'enfance. Chaque page contient, en même temps
que des pensées pleines de poésie, des ornements
riches dans leur sobriété et toujours de bon goût.
Le plan est naturel. « Chaque jour fait passer
sous les yeux de l'enfant un mystère, une vertu
ou une gloire de Marie : c'est la partie spécula-
tive et le premier point de la lecture. Puis vient
l'application de la considération à la vie de l'écolier, c'est la partie pratique et le second point de

la lecture [1]. » L'auteur termine par une prière à Marie et une invocation qui est comme une sorte de bouquet spirituel.

Laissons plutôt au lecteur, le soin de juger du mérite de l'ouvrage et de la fraîcheur qu'il respire. Lorsqu'il parle de l'*innocence*, l'auteur semble vraiment inspiré. Les images les plus gracieuses se pressent sous sa plume; on sent qu'il parle d'abondance de cœur.

« Rien n'est si beau que l'innocence, écrit-il; aucune peinture ne saurait en donner une idée. Le ciel est beau quand aucun nuage n'en ternit l'azur et la limpidité, quand le soleil l'éclaire de ses splendeurs : plus belle est aux yeux de Dieu une âme innocente. Vous admirez l'eau qui jaillit du rocher; sous l'éclat de la lumière qui la colore, elle a la pureté du diamant; mais plus belle aux yeux de Dieu est une âme innocente [2]... »

Plus loin, lorsqu'il peint la *pureté*, l'auteur n'a pas des accents moins inspirés. « Il est une vertu, écrit-il, qui rend aimable l'enfant qui la possède, qui donne à son front la sérénité du ciel

[1] Préface, x.
[2] P. 24.

dans ses plus beaux jours, qui fait briller dans ses yeux l'innocence et met sur ses lèvres le sourire parfumé de la fleur qui vient d'éclore. Cette vertu, c'est la pureté. — Il est une vertu qui, dans le jeune homme, répand la fraîcheur sur son visage, donne à ses traits une beauté virile, projette la force dans ses membres, entretient la santé dans son corps et lui promet de longs jours sur la terre. Cette vertu, c'est la pureté. Il est une vertu qui conserve à un cœur sa sensibilité native, qui centuple les forces de l'esprit, qui est la source des grands sentiments et des grandes pensées, et qui rend l'homme cher au cœur de Dieu en le rendant semblable aux anges : et cette vertu, c'est la pureté [1]. »

Puis au chapitre intitulé : « Les Congrégations », la pensée de Guérande, de sa petite chapelle et du pieux directeur des enfants de Marie, tous ces souvenirs si chers se réveillaient dans l'âme de M. Goudé.

« Quels jours de bonheur, Théotime, que ces jours solennels où, au pied du saint autel et entre

____

[1] P. 65.

les mains de l'ange terrestre que Dieu avait commis au soin de nos jeunes années, nous venions nous consacrer au service de la reine des Anges ! Dès le matin, on accourait dans cet humble sanctuaire que nos mains joyeuses avaient embelli de verdure et de fleurs ; la voix tremblait, les yeux se mouillaient de douces larmes, le cœur était saintement ému quand la bouche prononçait ces serments : Je vous prends aujourd'hui pour ma Patronne, mon Avocate et ma Mère. Je jure de ne rien dire ou rien faire qui soit contre votre honneur. Je jure de ne vous abandonner jamais. »

« Comme les âmes s'élevaient facilement à Dieu dans ces petites réunions où tous les cœurs étaient si bien d'accord ! Avec quelle avidité l'on recueillait les paroles de cet homme vénérable qui savait si bien faire passer en nous l'amour de Marie dont il était tout rempli ! Lorsque ces lignes tomberont sous ses yeux, qu'il les accepte comme un bien faible témoignage d'une reconnaissance qui sera éternelle. Ainsi s'écoulait notre jeunesse, à l'ombre des autels de Marie, nourris de son amour, réjouis de sa tendresse et dans les douceurs de l'union fraternelle [1]. »

M. Goudé n'oublia pas d'envoyer un hommage de son premier ouvrage, à son excellent ami, M. l'abbé Laborde. « Je ne puis assez te remercier, lui répondait ce dernier, de ton affectueux souvenir. Je n'ai pas manqué une fois, pendant les seize premiers jours du mois de mai, de m'édifier par la lecture de ton livre. Des circonstances indépendantes de ma volonté, m'ont seules empêché de continuer. Je crois, mon très cher, que ton livre sera goûté et apprécié. Que Marie te bénisse et te réserve une place dans le ciel; mais qu'elle m'obtienne aussi le bonheur d'être à tes côtés! »

Bientôt M. Goudé entreprit une autre œuvre de même nature, mais plus étendue que la première. Il préparait, avons-nous dit précédemment, avec un soin scrupuleux, les lectures spirituelles qu'il faisait chaque soir aux élèves de Sainte-Marie. Souvent même, afin de donner plus de suite à ses pensées et de concision à ses paroles, il développait dans un chapitre et écri-

[1] P. 82-83.

vait en entier toutes les réflexions que pouvait lui suggérer l'expérience de quinze années passées au milieu de la jeunesse des collèges.

Il recueillit ainsi peu à peu une série de compositions relatives aux devoirs et à la vie des écoliers. Songeant ensuite à l'embarras où se trouvent quelquefois les supérieurs de maisons d'éducation, dans le choix des livres propres à l'exercice de la lecture spirituelle, il conçut le désir de livrer à la publicité le fruit d'un travail qu'il avait si soigneusement mûri.

Mais de peur de se faire illusion dans sa propre cause, il crut nécessaire de recourir aux lumières de juges compétents. Un des juges qu'il choisit de préférence fut Mgr Dupanloup, cet illustre prélat qui, dans notre siècle, a été un des maîtres de l'éducation. L'évêque d'Orléans voulut bien, malgré ses immenses travaux, parcourir l'œuvre de M. Goudé. Il lui écrivit le 23 décembre 1862.

« Monsieur le Supérieur,

« C'est l'accablement de mes occupations et le
« très vif désir que j'avais de lire votre excellent

« ouvrage qui m'ont empêché de vous répondre
« jusqu'à présent.

« Autant que j'en puis juger, *cet ouvrage me
« paraît devoir faire un très grand bien.* Le su-
« périeur de mon petit séminaire, à qui j'ai cru
« pouvoir le communiquer, en porte le même ju-
« gement.

« Veuillez agréer, Monsieur le Supérieur, l'as-
« surance de mes plus dévoués et respectueux
« sentiments en N.-S.

« † Félix, évêque d'Orléans. »

En même temps, M. Goudé sollicitait l'appré-
ciation du nouvel évêque de Saint – Denis,
Mgr Maupoint. Celui-ci communiqua l'ouvrage à
M. l'abbé Levoyer, supérieur de l'institution
ecclésiastique de Combrée (Maine-et-Loire) [1].
M. Levoyer était un critique aussi sûr qu'é-
clairé.

« Monsieur et honoré Confrère, écrivit à
« M. Goudé M. le supérieur de Combrée, j'ai lu,

[1] M. Levoyer a été vingt-huit ans supérieur de
Combrée.

« sans en passer un seul mot, le travail dont on
« a bien voulu me donner communication, et je
« vous remercie cordialement du plaisir que m'a
« fait cette lecture. J'y ai admiré une connais-
« sance intime de la jeunesse des collèges et du
« langage qu'il lui faut tenir. Vous avez su pré-
« senter le devoir, qui paraît si austère à tous
« ceux de cet âge, sous une forme propre à leur
« plaire, je dirais presque à les séduire; car il y
« a de saintes séductions. *Seduxisti me, Domine,*
« *et seductus sum* [1]. Je vous prie de me tenir
« pour l'un de vos premiers souscripteurs. »

M. Goudé demanda et obtint l'*Imprimatur* de
Mgr l'évêque de Nantes. Muni de cette approbation, il n'hésita plus à livrer son livre au public,
et en 1864, il le fit imprimer [2].

La préface de l'auteur n'est qu'une lettre dédi-
catoire à la jeunesse. « Ces pages, jeunes amis,
dit-il, c'est pour vous très spécialement qu'elles
ont été écrites. Elles ne parlent qu'à vous, elles
ne parlent que de vous et de tout ce qui

[1] Jerem. xx, 7.
[2] *Le Collège.* -- Prélude à la vie du monde. — Conseils
à la jeunesse, par M. l'abbé Goudé. — Ambroise Bray.

vous intéresse. Puissent-elles vous être agréables et utiles! C'est l'amour si dévoué et si désintéressé que je vous porte qui me les a dictées. Car j'aime votre jeunesse avec ses grâces, avec ses qualités, avec ses inépuisables ressources, avec ses trésors de vie et d'espérances! J'aime surtout cette portion choisie que Dieu appelle au service si enviable de ses autels. Au milieu d'une vie consacrée au petit troupeau que la Providence m'a confié, au milieu d'une vie souvent éprouvée par la souffrance, votre pensée, chers amis, votre amour et le désir de vous être utile m'animaient et me faisaient vous donner avec joie ce temps arraché aux délassements et au repos [1]. »

Dans cet ouvrage, l'auteur explique et commente, au point de vue surnaturel, chacun des devoirs de la vie d'écolier. Il prend l'enfant le matin à son réveil et le conduit tout le jour, comme par la main, jusqu'au soir. Il ne le quitte que près de la couche où il va prendre son repos. Et encore, à ce moment, lui apprend-il à sancti-

[1] Préface, ix.

fier ces longues heures de la nuit, heures de silence et qui ressemblent tant à celles de la mort.

« Peut-on prendre, écrit M. Goudé, trop de précautions avant de se jeter entre les bras du sommeil, je dirais presque de la mort? Car quoi de plus semblable à la mort que le sommeil? Un lit sera notre dernière couche; les draps qui nous couvrent ne nous représentent-ils pas le linceul qui enveloppera notre froide dépouille? Dormir, c'est être mort pendant huit ou neuf heures du jour, c'est-à-dire pendant un tiers de notre vie! Dormir ou être mort étaient synonymes dans le langage des anciens. Et en effet, dormir c'est être mort à sa volonté, à sa pensée; c'est être mort à tous les biens de la terre, à tout ce qui existe. Tous les êtres qui vous entourent sont comme s'ils n'étaient pas; pendant tout ce temps vous êtes morts pour eux, ils sont morts pour vous [1]. »

Après avoir parlé des actions journalières, l'auteur passe en revue celles qui se rencontrent périodiquement dans la vie de collège. Il parle des

---

[1] *Le Collége*, p. 275, 276.

promenades, des offices du dimanche, de la confession et de la communion, des devoirs réciproques des parents et des enfants et de la vocation ecclésiastique. Il termine enfin par deux chapitres très étendus sur les vacances, chapitres où il examine tout au long leurs avantages et leurs dangers.

« Le *Collège*, écrivait M. Goudé à la fin de sa
« vie, est l'ouvrage dont la composition m'a
« coûté le plus de peines. Il n'est pas un supérieur
« de séminaire qui, ayant lu cet ouvrage, ne m'en
« ait félicité. *Soli Deo honor et gloria!* Ces tra-
« vaux m'ont apporté de bien pures jouissances;
« mais ma jouissance suprême, c'est de penser
« qu'après ma mort, je pourrai encore faire
« quelque bien ici-bas. »

Aussitôt l'apparition du *Collège*, des lettres élogieuses arrivèrent de toutes parts et récompensèrent M. Goudé des labeurs que cet ouvrage lui avait coûtés. Nosseigneurs de Nantes, d'Orléans et de Saint-Denis, l'illustre et regretté évêque de Poitiers, Mgr Pie, Mgr Angebault et un grand nombre de supérieurs de maisons d'éducation lui adressèrent leurs félicitations et l'encouragèrent à persévérer dans sa laborieuse carrière d'écrivain.

Puis vint le tour des journaux catholiques. Des comptes rendus bibliographiques parurent dans l'*Espérance du Peuple*, dans le *Correspondant* et dans la *Revue de Bretagne et Vendée*, et vinrent éveiller l'attention publique sur une œuvre appelée à rendre de bons services.

Ce livre, le meilleur de ceux que publia M. Goudé, de l'aveu de l'auteur lui-même, a fait son chemin. « J'ai lieu d'espérer, lisons-nous dans les Mémoires du supérieur, qu'il demeurera classique et fera du bien. *Non nobis, Domine, non nobis : sed nomini tuo da gloriam* [1]! »

Pendant que M. Goudé se livrait à ses travaux littéraires, il fut affligé d'un nouveau deuil que nous ne pouvons passer sous silence.

« Le 4 février 1859, écrit-il dans ses Mémoires, le diocèse vit mourir le vénérable abbé Dandé, vicaire général pendant vingt-sept ans. Ce fut pour moi, en particulier, une perte bien sensible et qui me rappelait vivement celle que

[1] Ps cxiii.

j'avais faite deux années à peine auparavant.
M. Dandé avait toujours été pour moi un père.
C'est lui qui m'envoya dans ce petit collège de
Chauvé qu'il avait fondé et où je goûtai trois
années de bonheur. Si sa bonté me le faisait
aimer, sa vertu me le rendait vénérable. Il était
doué d'un tact infini, d'un esprit très cultivé
et de connaissances solides. Sa politesse était
exquise. Toutes ses qualités, en un mot, relevées
par un extérieur remarquable, rendaient le com-
merce de M. Dandé fort agréable. Usé par le travail, il avait manifesté à son évêque le désir de
se retirer. Mgr Jaquemet avait insisté pour qu'il
conservât son poste. Il s'éteignit dans l'obéissance, au milieu de ses devoirs qu'il remplit toujours avec la plus scrupuleuse exactitude. »

A la nouvelle de cette mort, M. Goudé écrivit
à M. Jannin, pour épancher sa douleur dans
l'âme de son ami.

« Une lettre de M. Laborde, lui disait-il, puis
« le journal, viennent m'apprendre la perte que
« nous venons de faire. Il était notre père à nous
« qui n'en avions plus sur la terre. Il était notre
« conseiller, notre protecteur, l'ami de notre en-

« fance. C'est lui qui nous fit entrer l'un et l'autre
« dans la carrière sacerdotale.

» Avec quelle joie il nous voyait chaque année
« revenir vers lui; avec quelle tendresse il nous
« embrassait; avec quelle cordialité il nous rece-
« vait à sa table! Pour moi, cher ami, je le con-
« sidérais comme un père; il m'appelait son fils
« et me prodiguait les témoignages de sa bien-
« veillance.

« Dieu, ce semble, a pris à tâche de diminuer
« notre douleur, en nous l'enlevant peu à peu et
« comme par parties. Sa belle intelligence s'était
« voilée, sa volonté avait perdu son énergie. Il ne
« lui restait que ce qui lui était nécessaire pour
« souffrir et souffrir chrétiennement. Ah! quelle
« belle couronne le Seigneur a dû déposer sur
« son front! Quels riches trésors de mérites il
« avait amassés pour le ciel!

« Que j'aime à me rappeler la figure vénérable
« de cet excellent père, ses graves paroles, les
« conseils de son expérience! Combien son ab-
« sence me sera pénible pendant les quelques
« années que Dieu me réserve de passer encore
« sur cette terre! Sa maison était devenue la

« mienne; maintenant elle sera fermée pour moi.

« Ah! cette nouvelle perte rappelle à mon cœur

« celle de ma bonne mère! Maintenant au lieu

« des visages amis que je rencontrais dans mon

« pays natal, je ne trouverai plus que des tom-

« beaux. »

Le corps de M. Dandé a été déposé à Chauvé, à l'ombre de ce collège qu'il a fondé et où son cœur demeurait toujours. Là, il n'est point oublié; les enfants reconnaissants prient souvent auprès des restes de leur père et du premier supérieur de leur maison!

CHAPITRE VI

**Canonicat de M. Goudé. — Histoire de Châteaubriant. —
Padioleau et Vincent Roux.— Guerre de 1870 ; élèves
de Sainte-Marie qui prirent part à cette guerre.**

Depuis quelques années, malgré tous les efforts
de M. Goudé, le nombre des élèves diminuait à
Sainte-Marie. En 1862, il n'était plus que de
cinquante et un. A quoi cèla tenait-il ? A plusieurs
causes, sans doute ; mais voici, croyons-nous, la
principale : de nouveaux collèges ecclésiastiques
s'étaient fondés à Vitré et à Ancenis ; les maisons
de Combrée et de Redon, avaient pris de grands
développements ; tous ces établissements entouraient Sainte-Marie comme d'une ceinture et cir-
conscrivaient singulièrement son rayon pro-
ductif.

Le supérieur de Sainte-Marie se décida à tenter tous les moyens qui pourraient contribuer à
augmenter le nombre de ses élèves. Il rétablit

l'externat qu'il avait supprimé à son arrivée à Châteaubriant, fixa à 350 francs le prix unique de la pension et enfin fit prendre aux enfants un uniforme. Cet uniforme était ainsi composé : tunique noire à bordure bleue, pantalon noir à large bande bleue, ceinturon argenté au chiffre de la sainte Vierge, et enfin casquette à deux galons d'or.

Puis, M. Goudé lança une circulaire pour faire connaître au public les modifications apportées dans l'organisation de la maison. Il terminait en annonçant qu'il recevrait les tout petits enfants de la ville qu'on voudrait bien lui confier, et fit venir un second frère de Ploërmel pour en prendre soin.

« J'en étais rendu à ce point dans mes innovations, lisons-nous dans les Mémoires de M. Goudé, lorsque j'arrivai à la retraite des professeurs, en septembre 1866. Pendant la visite que je faisais habituellement à Sa Grandeur : « Quel âge avez-vous, me dit-elle? — Quarante-quatre ans, répondis-je. — Depuis combien de temps êtes-vous dans l'instruction? — Je vais commencer ma vingtième année. — Il y a longtemps

que vous travaillez à cette œuvre, continua l'é-
vêque; vous y avez apporté du dévouement; je
veux le reconnaître. Je vous fais chanoine honoraire de ma cathédrale. » A ces paroles mon corps
se couvrit de sueur, je sentis le rouge me monter
au visage et le cœur me battre avec violence.
J'hésitais à accepter cet honneur inattendu. « Que
Votre Grandeur attende encore, répondis-je;
elle aura toujours le temps de commettre cette
faute. — C'est chose arrêtée, me dit mon évêque,
en souriant de ma répartie, et je crois que tous
vos confrères accueilleront favorablement votre
nomination. D'ailleurs, le diplôme en est signé;
ce qui est écrit est écrit. »

« En effet, le dimanche suivant, j'étais installé
dans cette cathédrale de Nantes où j'avais été
baptisé, où j'avais fait ma première communion,
où je ne puis faire un pas sans rappeler à mon
souvenir les émotions si douces de la grâce
divine.

« Pauvre mère! que n'étais-tu là! Quelle joie
eut ressenti ton cœur maternel! Il m'eût été doux
de couronner de ce légitime orgueil ton front
blanchi par l'âge et la souffrance. Que j'ai pensé

à toi!... Que j'ai pensé à mes amis! L'allégresse que ces derniers ressentirent m'a rendu plus heureux que l'honneur lui-même.

« Après tout, rien n'est changé en moi; je n'en vaux ni plus ni moins aux yeux du Seigneur. O mon âme! la soie et les hermines du canonicat ne te rendront pas plus belle à ses yeux, quand tu paraîtras à son tribunal!... *Tu solus Altissimus!* »

Cette année, la Saint-Charles fut fêtée avec plus de solennité que jamais. Puis, le lendemain, 5 novembre, eut lieu la traditionnelle promenade en voiture. La Chapelle-Glain avait été assignée pour but de promenade et le vénérable curé, M. l'abbé Louvel, offrit au supérieur et à ses élèves la plus généreuse et la plus cordiale hospitalité.

Celui qui écrit ces lignes était à Sainte-Marie, quand eurent lieu les évènements qu'il raconte. Il s'en rappelle avec bonheur toutes les circonstances, et ce souvenir est un des plus doux qu'il ait gardés au fond de son cœur.

L'ardeur de M. Goudé n'éprouvait ni vicissitudes ni fatigues quand il s'agissait de travailler à l'amélioration matérielle ou morale de sa chère maison. Six années avant son canonicat, il avait fait placer un chemin de croix dans la chapelle Sainte-Marie. Les élèves et leurs familles avaient contribué à cet achat, pour une très large part. Il fut bénit le 30 octobre 1860, et M. le curé de Châteaubriant en présida la cérémonie.

Pour faciliter à ses enfants l'exercice si fructueux du chemin de la croix, le supérieur composa un petit opuscule. C'est bien, sans contredit, sur la matière, un des écrits les mieux adaptés aux besoins des enfants. Aussi, chaque carême, — aimons-nous à le croire, — continue-t-on à s'en servir à Sainte-Marie. Heureuses traditions qui perpétuent ainsi les bienfaits et les vertus du vénéré supérieur [1]!

En 1866, M. Goudé songea à restaurer la chapelle de communauté, dont les lambris tombaient de vétusté. Il fit un nouvel appel à la générosité des anciens élèves de la maison et organisa une loterie qui rapporta dix-sept cents

---

[1] L'année de sa mort (1881), l'auteur donna ce qui lui en restait d'exemplaires pour qu'ils fussent distribués dans cette chère maison qu'il a tant affectionnée.

francs. La somme recueillie était insuffisante ; on ne put entreprendre qu'une partie des travaux, la moitié environ [1].

Au mois d'avril 1866 avait lieu à Nantes la translation des reliques de la bienheureuse Françoise d'Amboise. On avait préparé des fêtes splendides en l'honneur de la *bonne Duchesse.* Le supérieur quitta Châteaubriant et se dirigea vers sa ville natale, pour prendre part à des réjouissances, je dirais presque de famille. Il se fit un devoir de vénérer les restes de celle qui avait porté les insignes des grandeurs humaines et les avait sanctifiées, en les recouvrant du vêtement de la pénitence.

Ce fut un beau jour, en vérité, que celui dont nous parlons. L'Évêque de Nantes, malgré dix-sept années de travail et d'épuisement, retrouva encore assez d'énergie pour commander à la douleur, et il parut au milieu de son peuple avec la noble fierté qu'il avait portée dans les journées de

---

[1] M. l'abbé Radigois, qui fut donné pour successeur à M. Goudé, et demeura pendant huit ans à Sainte-Marie, a complété cette restauration et a, de plus, enrichi la chapelle de six grisailles du meilleur goût.

juin, aux côtés de son archevêque-martyr. L'un de ses grands vicaires, aujourd'hui archevêque-coadjuteur de Paris, s'était associé à sa pensée. Il avait écrit des pages qui resteront le plus beau monument élevé à la gloire de la sainte duchesse, si populaire à Nantes [1].

Cette grande fête semblait couronner l'épiscopat de Mgr Jaquemet. « Épuisé par dix années de souffrances, écrit M. Goudé dans ses Mémoires, Mgr Jaquemet mourut le 9 décembre 1869, après vingt ans d'un épiscopat fécond en œuvres de toutes sortes. Ce grand évêque, cet administrateur remarquable illustra l'Église de Nantes autant que ses plus illustres prédécesseurs. Il laissa après lui le diocèse florissant dans la piété et les études ecclésiastiques. On peut dire qu'il lui fit en France une réputation d'honneur telle qu'il ne l'avait encore jamais atteinte. Ce n'est pas ici le lieu de le juger; peut-être me sera-t-il donné de le faire, — si Dieu me prête vie et assistance, — dans l'ouvrage que je prépare sur le diocèse de Nantes. »

[1] *Vie de la Bienheureuse Françoise d'Amboise*, par l'abbé Richard. Lecoffre, 2 vol. in-8°.

M. Goudé s'était fait connaître comme auteur, et ses débuts, avons-nous dit, avaient obtenu un succès mérité. Il ne devait pas s'arrêter sitôt dans la carrière d'écrivain. « De quoi vais-je m'occuper maintenant, disait-il, lors de l'apparition du *Collège?* Je me suis fait une habitude tyrannique du travail : ma maison ne suffit pas à alimenter l'activité que je sens en moi. J'avais d'abord pensé à composer, pour les petits séminaires, des visites au Saint-Sacrement. J'avoue tout simplement que j'ai été effrayé. Je ne me suis pas senti le cœur assez chaud, l'âme assez recueillie pour aborder cette tâche. J'ai choisi plusieurs sujets et jeté quelques idées sur le papier. Je les complèterai plus tard, si Dieu le permet.

« Alors, j'ai tourné mes regards du côté des études historiques. Les annales de Châteaubriant m'ont paru assez intéressantes pour mériter un historien. J'ai rencontré dans M. l'abbé Guillotin de Corson, l'un de mes anciens élèves, un esprit très propre à traiter la partie des barons, et moi, je me suis chargé du dépouillement de nos archives municipales. »

L'*Histoire de Châteaubriant* parut à Rennes, chez Oberthur, en 1870. Elle ne comprend pas moins d'un gros volume in-4° de plus de cinq cents pages.

Ce travail, tout rempli d'érudition et de recherches curieuses, jette un grand jour sur les origines et l'histoire de la cité Castrobrientaise. Le reproche qu'on a généralement fait à cet ouvrage, c'est de n'avoir peut-être pas été suffisamment digéré. C'est une vaste et savante compilation plutôt qu'une rédaction coordonnée.

La division du travail devait conduire fatalement à l'écueil que nous signalons. En effet, au lieu de suivre l'ordre chronologique et de prendre pour points de repère les dates plutôt que les faits, l'auteur a traité successivement tous les faits se rapportant à un ordre d'idées établi, je dirai presque *à priori*.

Le livre est divisé en trois parties. La première raconte l'histoire de la baronnie sous les barons résidants et sous les barons absents, et conduit, — nous ne savons pourquoi, — le récit jusqu'en 1869, longtemps après l'institution de la *Communauté de ville*. La seconde partie traite de l'histoire politique et civile de Châteaubriant, et s'étend de 1788 à 1815. La troisième enfin a pour titre : *Béré ou la Paroisse.*

Cette division, disons-nous, exposait nécessairement à des répétitions qui devaient nuire à la clarté et à l'intérêt du récit. Nous nous permettrons encore de trouver sévère le jugement que l'érudit historien a porté sur la Ligue. La Ligue n'eut-elle pas en effet pour but de défendre la France contre la double invasion du Protestantisme et de l'étranger; et le duc de Guise n'est-il pas plutôt un héros qu'un ambitieux?

Mais ajoutons, — et c'est de toute justice, — que la tâche de l'écrivain était ardue et que Châteaubriant doit à M. Goudé d'avoir sauvé ses archives historiques de l'oubli et de la destruction.

L'ouvrage est émaillé des récits les plus variés; on y rencontre des pages d'une remarquable fraîcheur. La mort, par exemple, de Sibylle, qui, à la nouvelle inespérée que son époux, Geoffroy IV, était de retour de la croisade (1250), « accourut à la rencontre et acco-« lade, et trépassa de joie entre ses bras, témoi-

« gnage de la parfaite amitié qu'elle portait à son
« seigneur, mari et époux [1]. » On peut citer encore le Synode des Calvinistes à la Roche-
Giffart ; les martyrs de Saint-Martin de Teillay ;
puis les épisodes de 93, l'assassinat d'un prêtre
au Bois-Brient, etc., etc.

La description que M. Goudé a faite de la citadelle des Brient mériterait d'être citée tout entière. Il conduit le visiteur au pied de ce donjon
qui s'élève à quarante mètres au-dessus de la Chère.
Puis il l'introduit au milieu des ruines imposantes qui sont là, depuis bientôt neuf siècles,
disputant, une à une, les pierres que la tempête
vient arracher à la tête découronnée de l'antique
demeure.

« Devant ces vastes débris, ouvrage du temps
et des hommes, l'âme se sent prise d'une invin-
cible tristesse, car elle a devant elle l'irrécusable
preuve des vanités des grandeurs humaines. Bien
des fois, debout sur ces murailles entr'ouvertes,
asile des oiseaux de nuit, où les vents murmurent
sans obstacles, nous avons voulu faire parler les

[1] Du Paz.

échos assoupis de ces vieilles demeures ! Mais là, tout est sans voix, et les pans déchirés de l'immense citadelle ressemblent à un tombeau, mais à un tombeau profané, vide du saint dépôt qui commande le respect aux vivants [1]. »

Lorsque l'ouvrage fut imprimé, les professeurs du collège en fêtèrent l'apparition. Une agréable surprise avait été ménagée à l'heureux supérieur. Le livre fut déposé au réfectoire au milieu d'une corbeille de verdure et de fleurs ; et, au-dessus, comme une auréole, se déroulait une banderolle gracieuse portant ce mot triomphal « Vici ».

On était en juillet 1870, la France venait d'entrer en guerre avec la Prusse. Des levées extraordinaires de troupes dans toute la contrée, puis nos désastres successifs, jetèrent une grande perturbation dans l'atmosphère, si calme d'habitude, du petit collège de Châteaubriant.

Au mois de janvier 1871, le théâtre de la guerre s'était sensiblement rapproché de la Bretagne. Le Mans venait de succomber. Les débris de notre armée s'étaient repliés sur Laval où ils ne

---

[1] *Hist. de Chât.*, p. 190.

pouvaient se soutenir. « On disait partout, écrit M. Goudé dans ses Mémoires, que dans le cas d'un nouvel échec, à peu près inévitable, le général Chanzy avait l'intention de reculer avec toutes ses troupes jusqu'à Châteaubriant et de s'y retrancher. On commençait donc à fortifier les abords de la ville. A Craon et à Laval, la panique était grande. Les fuyards étaient sur toutes les routes et nous apportaient les nouvelles les plus sinistres. Je crus alors prudent de renvoyer au moins les élèves d'au delà de la Loire et de Nantes. Mais comment renvoyer les uns et garder les autres? Mes professeurs consultés, nous résolûmes de congédier tout le monde; de sorte que le mercredi 18 janvier, la maison fut évacuée.

« Aussitôt, l'on vint me demander du logement pour les mobiles qui affluaient de tous côtés à Châteaubriant. Il s'en trouva cinq mille à la fois. Tout le Collège était envahi. Pendant deux nuits, ce fut un vacarme, un pêle-mêle indescriptibles.

« A leur départ, la ville me demanda de recevoir les vivres destinés aux soldats. Plusieurs salles servirent de dépôts. Pendant deux mois,

Sainte-Marie fut transformée en intendance militaire, voire même en ambulance. »

Au milieu de tous les embarras de sa position et des sollicitudes continuelles que lui causaient les désastres de la patrie, M. Goudé éprouvait parfois de bien douces consolations. Le petit collège Sainte-Marie avait donné à la France de vaillants défenseurs, et le supérieur était fier de savoir engagés volontairement sous le glorieux étendard de Patay plusieurs de ses anciens élèves, deux notamment, aujourd'hui prêtres dans le diocèse de Nantes.

Ce n'était pas la première fois que des élèves de M. Goudé offraient leur sang pour une noble cause. Que le bienveillant lecteur nous permette, pour quelques instants seulement, de jeter un regard en arrière.

« Au milieu d'octobre 1860, lisons-nous dans les Mémoires de M. Goudé, eut lieu à Castelfidardo cette mémorable bataille où, sous les ordres du général de Lamoricière, la petite armée du Pape, l'élite de la jeunesse de notre Bretagne, fut assassinée plutôt que vaincue. Mais, parmi ces vaillants qui versèrent leur sang pour la sainte

11.

cause de l'Eglise, deux ont fait trop d'honneur
à Sainte-Marie et à nous, pour que nous les lais-
sions dans l'oubli.

« Le jeune Padioleau, de Saint-Lumine de
Clisson, à qui j'avais fait la classe en 1849,
s'était engagé parmi les volontaires. Il fit brave-
ment son devoir et eut le bonheur d'échapper à la
mort.

« Un autre ancien élève de Sainte-Marie, Vincent Roux, partit en février 1861 et alla grossir
les rangs de cette héroïque phalange de Bretons
qui jetèrent sur l'Église et sur notre pays un
long reflet de gloire ! »

En 1870, deux autres jeunes gens, avons-
nous dit, suivant l'exemple de leurs nobles de-
vanciers, s'étaient généreusement enrôlés sous la
bannière du Sacré-Cœur. De Rennes, où ils
avaient été envoyés en garnison, ils écrivaient à
leur ancien supérieur des lettres toutes remplies
des nobles sentiments d'un cœur de français et
de chrétien.

« Parti quelque temps avant l'armistice, écrit
« l'un d'eux, je n'ai pas eu la satisfaction de me

« battre contre les *Prussiens du dehors*. Les
« seules batailles auxquelles j'ai assisté sont
« celles que nous avons été forcés de livrer, pen-
« dant une dizaine de jours, pour nous défendre
« des *Prussiens du dedans*. Ils voulaient à
« toute force *faire enlever les Pontificaux*; —
« ce sont leurs propres expressions. — Les
« lâches avaient entrepris de soulever l'artil-
« lerie contre nous; mais les artilleurs d'Orléans
« n'ont pas voulu tourner leurs armes contre les
« héros de Patay.

« Honteux de sa défection, le parti *voyoucra-*
« *tique* a pris la magnanime résolution d'attaquer
« les zouaves, non pas ouvertement, mais de frap-
« per quand il n'en rencontrerait qu'un seul,
« surtout s'il n'avait que quinze ans. Alors eurent
« lieu plusieurs tentatives de noyade et de mas-
« sacre. On a tiré sur nous à coups de revolver.

« Les premiers jours, fidèles à la consigne,
« nous sommes restés insensibles à l'outrage.
« Mais, quand nous avons vu insulter notre brave
« général et porter la main sur lui, nous n'avons
« pu y tenir. Nous avons parcouru la ville, le
« sabre dégaîné et la baïonnette en avant, et nos

« lâches insulteurs sont rentrés dans le calme.
« Nous n'avons qu'un blessé atteint d'une balle.
« Eux ont des égratignures, ce ne sont que des
« blessures de fuyards, des blessures peu hono-
« rables. En somme, c'est une tentative avortée
« pour les partisans de la Commune.

« Excusez-moi, si je vous envoie une lettre si
« peu soignée; mon sac me sert de table et ma
« paillasse de siège.

« Agréez, Monsieur le Supérieur, etc.

« J. R.

« Volontaire de l'Ouest. »

Quelques jours plus tard, M. Goudé recevait
d'un autre volontaire, une lettre qui rapportait
des faits bien différents.

« Je suis fier, Monsieur le Supérieur, lui écri-
« vait-il, d'être enrôlé dans cette vaillante légion
« des volontaires de l'Ouest et de marcher aux
« côtés d'un vieux guerrier qui a traversé les
« orages de Castelfidardo, de Mentana et du
« siège de Rome, toujours prêt à verser son sang
« pour la défense de la religion ou de la patrie

« Que de fois, depuis quelques mois, j'ai pensé
« aux beaux jours du collège, jours que je cou-
« lais si heureux sous le toit paternel de Sainte-
« Marie !

« Aujourd'hui, fête de la Pentecôte, j'ai été
« témoin d'une imposante cérémonie. Jamais de-
« puis ma première communion, jour ne me fut
« plus doux. Toute la légion, officiers, sous-offi-
« ciers et soldats ont fait une solennelle consécra-
« tion au Sacré-Cœur de Jésus. Au milieu de la
« messe, un coup de clairon nous avertit que le
« moment est venu. On s'approche alors le plus
« près possible du noble étendard troué de balles
« sur le champ d'honneur.

« Moi, s'écrie le général, moi, général, baron
« de Charette, qui ai l'insigne honneur de vous
« commander, je consacre mon régiment, ma vie
« au Sacré-Cœur de Jésus.

« A ce moment, plus d'un guerrier de Castel-
« fidardo, de Mentana, de Patay, d'Ivrée-l'Évêque,
« arrosait de chaudes larmes les dalles du sanc-
« tuaire. Jamais cérémonie ne m'a plus ému.

« Daignez agréer, Monsieur le Supérieur, les
« humbles et respectueux hommages de celui qui

« se fait gloire d'avoir appartenu au collège
« Sainte-Marie.

« J. P.

« Caporal-Fourrier. »

Les élèves du collège de Châteaubriant furent
invités à rentrer à Sainte-Marie le 8 mars, lorsque
la paix eut été conclue. Aussitôt notre retour,
M. Goudé nous donna, en lecture spirituelle,
connaissance des lettres que nous venons de citer.
Des larmes de joie et d'émotion entrecoupèrent
souvent cette lecture. Il nous parla ensuite élo-
quemment des devoirs du chrétien et du français.

« Je suis bien payé de toutes mes peines,
ajouta-t-il en terminant, oui, j'en suis bien payé,
quand je rencontre sur ma route quelqu'un de mes
enfants noblement épris de l'amour de l'Église
et de la France, et désireux de verser son sang
pour la conservation de leur indépendance et la
défense de leur liberté ! »

CHAPITRE VII

**Le Collège Sainte-Marie est sur le point d'être supprimé.
— Élection de Mgr Fournier. — M. Goudé donne sa
démission de ses fonctions de supérieur. — Justifica-
tion de sa conduite.**

Nous ne nous faisons point illusion sur les
difficultés du chapitre que nous allons aborder.
Nous marchons sur un terrain brûlant et il nous
semble entendre le lecteur nous redire ces paroles
du poète :

« Periculosæ plenum opus aleæ
« Tractas, et incedis per ignes
« Suppositos cineri doloso [1]. »

Nous devons la vérité à beaucoup de personnes
qui l'ignorent, nous la devons surtout à la mémoire de ce prêtre vénérable qui a porté, dix
années durant, le poids d'une accusation dure et

[1] Horace, lib. II, carm. i.

injuste. C'est donc un devoir pour nous de la dire et de la dire tout entière.

Mais loin de nous la pensée d'établir cette vérité au détriment des lois de la discrétion et de la charité. Si M. Goudé, soit pour ménager certaines susceptibilités, soit par pure délicatesse, soit encore et plutôt par humilité, ne voulut pas se justifier, ou du moins se justifier entièrement de toutes les accusations qui furent gratuitement portées contre lui, nous aurions mauvaise grâce à ne pas respecter la conduite profondément chrétienne qu'il ne cessa de tenir. Nous nous souviendrons à son exemple du conseil de l'Apôtre : *Tu autem quid judicas fratrem tuum? Aut tu quare spernis fratrem tuum? Omnes enim stabimus ante tribunal Christi* [1], et cette maxime sera la nôtre.

Dans la dernière année de l'épiscopat de Mgr Jaquemet, M. Goudé avait obtenu pour Sainte-Marie la création de la classe de quatrième. A la même époque, il avait fait venir des religieuses de Torfou pour s'occuper du service matériel de toute la maison. Rien ne faisait prévoir

[1] S. Paul., ad Rom., xiv.

qu'à si court délai, un arrêt de mort allait être
porté contre le petit collège de Châteaubriant.

Qu'était-il donc survenu ?

« Vers le mois de mai 1870, écrit M. Goudé
dans ses Mémoires, je vis arriver chez moi un
bibliophile ardent avec qui j'avais eu quelques
rapports. Il avait annoncé, cinq années avant
l'époque dont je parle, l'apparition d'un *Pouillé
historique* dont s'était ému le monde littéraire.
J'en avais lu la dédicace. Cinq cents francs
avaient été votés par le Conseil général de la
Loire-Inférieure qui avait même souscrit pour un
certain nombre d'exemplaires. Cependant l'ouvrage n'avait pas vu le jour et ne le verra probablement jamais du vivant de l'auteur.

« Mon visiteur me fait connaître le but de son
voyage. Il vient, dit-il, me demander ma signature et celle de mes professeurs en faveur de
M. le curé de Saint-Nicolas de Nantes ; c'était
un témoignage d'estime, et, du même coup, une
réfutation des calomnies injustes dont il avait été
victime. Le personnage était pressé ; il fallait
s'exécuter de suite, car il devait recueillir ce
jour-là cent autres signatures.

« Je fus d'abord étourdi de cette brusque mise en demeure qui ne me laissait pas un instant de réflexion. Je demandai la lettre et la liste de souscription. J'y lus que le clergé de la Loire-Inférieure témoignait de son estime et de sa sympathie pour M. l'abbé Fournier. Je m'associai de grand cœur aux éloges si mérités à l'adresse du vénérable curé de Saint-Nicolas. Mais je restai confondu lorsque je vis les noms qui suivaient les lignes que je venais de lire. Le premier était celui d'un protestant, fils de ministre protestant, le second, d'un homme sans religion ; un autre, d'une femme ou d'un enfant. Je ne pus alors m'empêcher de faire observer à mon interlocuteur que je trouvais peu séant d'apposer ma signature à la suite de pareils noms ; qu'il était étrange qu'il n'eût pas réservé une liste de souscription entièrement à la disposition du clergé ; que, par conséquent, le cas échéant, je refusais de signer. D'ailleurs, ajoutai-je, je connais M. l'abbé Fournier ; c'est un homme d'une délicatesse exquise, d'une franchise pleine de droiture et, ce qui vaut mieux encore, d'une vertu à l'épreuve de toute atteinte. Je doute fort, lorsqu'il en sera instruit, qu'il puisse autoriser, même par son silence, des procédés si peu conformes aux règles les plus élémentaires de la discrétion. S'il avait connaissance des démarches que vous suggère un zèle pour le moins intempestif, il les désapprouverait assurément.

« Personne à Sainte-Marie ne voulut signer dans de telles conditions : ni mes professeurs, ni moi. Mon visiteur était bien irrité. Je le reconduisis poliment jusqu'à l'entrée de la maison. En se retirant, il laissa échapper des paroles de menace. Qu'on me permette de ne pas reproduire ces paroles.

« Ces menaces m'indignèrent, je l'avoue, plus qu'elles ne m'intimidèrent.

« Je crus devoir protester vivement contre l'interprétation qu'on donnait à ma conduite, et je reconduisis mon visiteur.

« La séparation fut assez froide.

« Un mois et demi après cette entrevue, un décret en date du 17 mai 1870 avait désigné M. l'abbé Fournier pour occuper le siège épiscopal de Nantes. Il fut préconisé dans le consistoire du 27 juin, et son sacre eut lieu dans

l’église Saint-Nicolas, la plus belle œuvre de
notre nouvel évêque.

« La cérémonie, rehaussée par la présence
d’un archevêque, de cinq évêques et de deux
abbés mitrés, était magnifique. Elle fut cependant
empreinte de la tristesse causée par le malheu-
reux drame qui commençait à se dérouler sur les
bords du Rhin. Nous venions d’entrer en guerre
avec la Prusse, et déjà les nouvelles les plus sinistres circulaient en France sur l’insuccès de
nos armes. Il fut décidé, pendant la cérémonie,
que la procession traditionnelle, dans laquelle le
nouvel élu devait être conduit à la cathédrale,
n’aurait pas lieu. Tout le clergé venu pour sa-
luer son évêque se répandit dans les rues de la
ville, sans ordre et sans habit de chœur, et chacun se rendit isolément à l’église cathédrale où
s’acheva la cérémonie.

« Ma situation de supérieur d’un Collège ecclésiastique me fit bientôt entrer en rapport avec
l’administration nouvelle, et je ne tardai pas à
voir qu’elle ne partageait pas sur nos collèges
toutes les idées de l’administration précédente.
Certaines idées qui déjà avaient été émises dans

le conseil épiscopal, furent de nouveau suggérées et parurent accueillies favorablement. On trouvait que les dépenses occasionnées par les petits établissements ecclésiastiques du diocèse étaient trop élevées ; on pensait, en outre, que le personnel qu'ils exigeaient était trop nombreux.

« De là, on fut amené à essayer d'un système différent. En supprimant quelques uns des établissements de moindre importance, et en ne conservant que deux ou trois maisons principales, on espérait diminuer la dépense totale et réduire surtout le personnel enseignant.

« La Ducherais, dans la paroisse de Cambon, fut la première maison qu'on supprima ; Guérande, ensuite, perdit ses trois classes supérieures. On émit le vœu de voir les Couëts convertis en petit séminaire diocésain, et Mᵍʳ Fournier nomma, à cet effet, une commission pour examiner la possibilité du transfert ; toutefois la question soulevée ne put alors recevoir son entière solution. »

Bientôt le bruit se répandit que Sainte-Marie allait aussi voir fermer ses portes. A cette nouvelle alarmante, M. Goudé prit le chemin de la ville épiscopale. Il eut un long entretien avec Sa

Grandeur et ne rapporta de cette entrevue aucune parole rassurante sur l'existence menacée de sa chère maison. Ceci se passait au mois d'août 1870.

La rentrée suivante, au mois d'octobre, eut lieu néanmoins sans aucun incident. « Cependant, lisons-nous dans les Mémoires de M. Goudé, mon inquiétude était toujours la même pour l'avenir de ma maison. Je demandais des assurances au grand vicaire qui ne répondait que d'une manière évasive. J'envoyai un long rapport à l'Évêché pour faire connaître la maison, ses transformations et améliorations successives, le nombre de prêtres qu'elle avait fournis au diocèse, son utilité dans le pays et enfin ses besoins. On me répondit que le collège serait maintenu s'il pouvait vivre, *comme les autres*, par ses propres ressources. Cette condition étant impossible, c'était signer notre arrêt de mort.

« En effet, la cherté des vivres, la ruine et l'abattement causés par la guerre, le départ d'une nombreuse classe de quatrième, tout me faisait présager une rentrée bien minime. De plus, les besoins de la maison étaient grands et ses ressources épuisées. Je calculai que, dans cette situation, il me fallait un subside de cinq mille francs.

« Voyant que notre sort était décidé, lassé de lutter contre des volontés contraires, et sentant le peu de sympathie qu'inspirait mon œuvre, je résolus de me retirer et j'en exprimai très explicitement le désir. Sur les entrefaites, je recevais une lettre qui m'ordonnait d'annoncer qu'il n'y aurait pas de rentrée l'année suivante. Il ne restait plus que quinze jours avant la sortie des élèves. Le bruit transpira malgré le silence que m'imposaient l'obéissance et la discrétion. »

La nouvelle s'en répandit bientôt dans la petite ville de Châteaubriant [1]. Aussitôt trois pères de famille, dont les enfants étaient à Sainte-Marie, partirent pour Nantes et se rendirent à l'Évêché. On leur annonça que Monseigneur était absent. C'étaient trois Bretons et l'on sait si les Bretons sont tenaces.

« Nous sommes venus de Châteaubriant, dirent-ils, nous avons fait soixante-quatre kilomètres

---

[1] Cette petite ville de Châteaubriant, ajoute quelque part M. Goudé est cancannière. Le proverbe dit en effet : *Si Nantes doit périr par l'eau et Rennes par le feu, Châteaubriant doit périr par la langue.* Nous espérons bien que la prophétie ne se réalisera pas; au moins pour Châteaubriant.

pour parler à notre Évêque, nous ne partirons pas que nous ne l'ayons vu, dussions-nous coucher ici, » — et ils indiquaient la cour de l'Évêché. — Ils auraient fait le siège du palais épiscopal plutôt que de céder.

Ils attendirent de longues heures, tantôt arpentant la place Saint-Pierre, devenue de plus en plus déserte à mesure que la nuit avançait; tantôt s'asseyant sur les degrés en granit de la vieille cathédrale. Leur patience ne se démentait pas un seul instant. Onze heures du soir sonnaient lorsque la voiture si longtemps attendue entra enfin dans la cour.

Nos trois délégués entourèrent aussitôt Mgr Fournier qui, à pareil instant, ne s'attendait guère à eux. Ils lui exposèrent, sans préambule, le but de leur voyage et l'objet de leur requête.

« — Nous sommes députés par nos concitoyens vers Votre Grandeur, lui dirent-ils, et nous venons protester contre l'arrêt cruel qui menace Sainte-Marie dans son existence.

« — Je suis touché de votre démarche, répondit Mgr Fournier ; mais les ressources manquent absolument à cette maison.

— « Cependant, reprirent nos trois délégués avec assurance, les quêtes pour vos séminaires sont très fructueuses dans cette partie si chrétienne de votre diocèse ; détournez-en quelque chose en faveur de notre petit collège. Si Votre Grandeur persistait à s'y refuser, il arriverait une chose dont elle ne se doute pas : c'est que personne ne donnerait plus rien. Bien plus, les habitants de Châteaubriant sont d'ordinaire les meilleures gens du monde ; mais quand on lasse leur patience, ils deviennent intraitables..... Vous ne pourriez jamais mettre les pieds chez eux.

— « Vous plaisantez, mes amis, dit l'Évêque en riant.

— « Sans doute, Monseigneur ; mais pourtant ne vous y fiez pas trop. Nous sommes Bretons, nous sommes francs, ne vous offensez pas de nous entendre parler comme nous parlons. Si donc vous ne sauvez pas notre collège de la ruine qui le menace, vous nous trouverez toujours tous les trois sur votre chemin, et ce ne serait pas pour vous acclamer. »

M⁸ʳ Fournier prit la chose en riant et s'amusa beaucoup de la déclaration de guerre qu'on venait

de lui faire. — « Je vous donne quinze jours, dit-
il, pour me prouver que vos paroles sont l'expression des vœux de toute la population de Châteaubriant. Maintenant, mes amis, il est fort tard,
allons dormir; vous en avez besoin et moi
aussi. » Et il les quitta en leur serrant cordialement la main [1].

Dès le lendemain de l'entrevue que nous venons de raconter, une pétition fut rédigée par
M. de la Pilorgerie. On la porta de maison en
maison et elle circula d'abord parmi les membres du clergé.

Le résultat ne pouvait être douteux. Bientôt il
n'y eut plus de place pour recueillir toutes les
signatures qu'on proposait; et, bien avant le
délai fixé, Sa Grandeur pouvait lire, dans cette
manifestation unanime, le désir qu'avait la ville
de conserver son collège. La chronique ajoute
même qu'en passant de mains en mains, le travail de M. de la Pilorgerie subit dans le texte

[1] Nous tenons ce récit de la bouche même d'un des trois
délégués. Après l'avoir écrit, nous avons pris la peine de
le lui relire, et il nous a assuré qu'il était en tous points
conforme à l'exacte vérité.

plusieurs modifications assez graves; certaines insinuations semblaient rendre M. Goudé responsable, en partie, de la mesure projetée contre Sainte-Marie. Peu s'en fallut que l'auteur de la pétition ne refusât d'en prendre la responsabilité parce qu'il ne pouvait souffrir qu'on attaquât ainsi, à la légère, la personne de son ami.

Jusqu'ici les choses n'avaient pas été aussi loin qu'on aurait pu le craindre. M. Goudé avait cru prudent de se tenir à l'écart. Il n'avait pas voulu se mêler au conflit qui s'était élevé, conflit dont il ne pouvait prévoir l'issue. Lui, supérieur de la maison, était avant tout le serviteur dévoué et soumis de son évêque. Il ne savait pas à quel parti s'arrêterait en dernier lieu l'administration diocésaine, il resta neutre au milieu du débat, pensant en cela tenir une conduite sage et digne.

Mais, le croirait-on, cette neutralité même inspira des soupçons à quelques esprits malveillants. On fit retomber sur M. Goudé l'impopularité d'une mesure qu'il regrettait plus que personne. On interpréta en mauvaise part le doute qu'il avait émis d'abord sur les chances de réussite. Son silence prolongé devint aussi une cause de récriminations et il fut accusé, contre toute vérité et contre toute vraisemblance, de conspirer la ruine de cette maison de Sainte-Marie, de cette maison qu'il avait arrosée vingt-trois ans de ses sueurs, de cette maison où il avait dépensé sans mesure, pendant la moitié de sa vie, sa santé et ses forces, de cette maison enfin qu'il avait faite ce qu'elle était

Douze années auparavant, au jour de la mort du cher M. Dandé, M. Goudé avait dit que le dernier lien qui l'attachait à Nantes était à jamais brisé, que Sainte-Marie et Châteaubriant seraient désormais sa patrie d'adoption et qu'il y passerait ses derniers jours. Pendant toute sa carrière de supérieur, il avait travaillé avec un dévouement qui ne s'était pas démenti un seul instant. Les améliorations successives qu'il avait faites, jusqu'à la dernière heure, n'étaient-elles pas une preuve vivante et manifeste de l'amour fort et désinté-ressé qu'il avait voué à sa chère maison ?

Mais non ; une crédulité inexcusable ou une passion que rien ne peut justifier avait aveuglé les esprits. On avait fermé obstinément les yeux sur tout un passé de dévouement et d'abnégation. On n'écoutait que de ridicules calomnies, des calomnies dénuées de toute base sérieuse, de tout prétexte plausible.

Quoiqu'il en fût de l'invraisemblance des accusations portées contre M. Goudé, elles firent leur chemin. Les préventions qui s'étaient formées contre lui prirent des proportions chaque jour grandissantes. Sainte-Marie allait revivre : cela ne suffisait plus ; on voulait la démission de l'ancien supérieur, et qui plus est, son expulsion du pays. Aussi tout fut-il employé pour obtenir ce dernier résultat.

M. Goudé cependant se taisait toujours, mais il n'ignorait rien de ce qui se passait.

On comprend donc quelles angoisses intimes il dut éprouver. Il se sentait trop faible pour lutter contre tant d'adversaires ; il crut qu'il ne pourrait jamais dissiper complètement ces préventions ni reconquérir les sympathies dont il avait besoin pour son œuvre. Il prit le parti de se retirer. Il offrit sa démission ; sa démission fut acceptée. Il quitta Sainte-Marie, non sans répandre bien des larmes et sans envelopper sa chère maison d'un long regard d'adieu.

Qu'allait devenir cet homme usé par vingt-quatre ans de travaux pénibles, et dont le cœur surtout était brisé par la douleur d'une séparation aussi subite qu'imprévue? Il avait quarante-neuf ans; mais les sollicitudes de sa charge l'avaient plus vieilli que les années. Il ne se croyait pas préparé pour le ministère paroissial; aucun attrait ne l'attirait vers des fonctions nouvelles et insolites pour lui. Pourrait-il d'ailleurs, avec ses forces débilitées et sa santé si faible, affronter les fatigues des fonctions curiales? C'était la grande question qu'il se posait; et, après mûr examen, il n'espéra pas pouvoir la résoudre dans le sens affirmatif. Puis, il était attaché à la ville de Châteaubriant dont il avait étudié les origines et écrit l'histoire; il ne voulait pas la quitter. Il désirait mourir auprès de Sainte-Marie, il voulait que son tombeau fût placé non loin de celui du fondateur du petit collège de Châteaubriant, M. l'abbé de la Rolandière.

Mgr Fournier comprit la puissance des liens qui retenaient M. Goudé sur ce sol qu'il avait fait sien; il les trouva bien légitimes; de grand cœur il se rendit à ses désirs et acquiesça à sa démande. Sa Grandeur reconnaissait aussi que l'ancien supérieur avait besoin de calme et de solitude pour recouvrer sa santé d'autrefois. Il fut donc décidé que M. Goudé resterait à Châteaubriant.

Maintenant, avant de clore ce chapitre, qu'il nous soit permis de résumer toute notre pensée sur la conduite de M. Goudé dans ces jours si tourmentés de son existence : notre rôle d'historien nous fait un devoir de raconter tous les faits sans les dénaturer, sans y rien changer.

Et d'abord M. Goudé a-t-il désiré la suppression du collège de Châteaubriant?

A cette question, notre réponse sera catégorique. Non, jamais M. Goudé, ni ouvertement, ni par des moyens détournés, ne conspira contre l'existence de sa maison. Et nous donnons des preuves à l'appui de notre assertion.

Commençons par la preuve négative : à nos yeux elle a sa valeur. Nous avons entre les mains un volumineux dossier sur tout ce qui concerne le supériorat de M. Goudé. Sa correspondance privée, nous l'avons dépouillée tout entière et rien n'a pu nous donner l'ombre d'un soupçon au sujet de l'accusation portée contre lui. Nous ajouterons

que la mort qui l'a surpris, ne lui a pas permis
de détruire bien des choses intimes qu'on ne livre
pas d'ordinaire à des regards curieux, trop souvent indiscrets.

Mais d'autres preuves, des preuves positives
viennent confirmer ce que nous avons avancé.
C'est en premier lieu la parole de M. Goudé lui-
même. Cette parole, personne n'a le droit de la
suspecter. En cent endroits, il proteste de son
amour et de son dévouement pour le petit collège
de Châteaubriant. Au témoignage des paroles, il
ajoute celui de l'action, et pendant vingt-trois
années, il travaille jusqu'à la dernière heure à
« l'amélioration matérielle ou morale de cet établissement. » A la dernière page enfin de ses
Mémoires : « Puissé-je, s'écrie-t-il, voir dans
cette pauvre et chère maison de Sainte-Marie,
où j'ai dépensé ma santé et mes sueurs, cette
prospérité que je lui ai connue et que je n'ai pu
lui conserver malgré tous mes efforts ! »

Veut-on encore un dernier témoignage de son
affection pour Sainte-Marie? Après sa démission,
il travaille à y envoyer des élèves, et le premier
fut un neveu de son excellent ami, M. l'abbé

Laborde, devenu curé de Saint-Similien, à Nantes [1].

Non, encore une fois, M. Goudé ne se désaffectionna jamais de son collège bien-aimé; jamais par conséquent il ne conspira sa ruine et ne travailla à sa suppression.

Quelle fut donc l'origine des imputations calomnieuses qui lui furent jetées à la face? Ce fut d'abord une parole de M. Goudé que l'on interpréta mal; ce fut ensuite une indiscrétion commise, indiscrétion dont l'auteur n'avait pas prévu les conséquences. Nous ne pouvons nous expliquer d'une manière complète; voici du moins ce que nous croyons devoir rappeler.

M. Goudé, quelques mois après l'élection de Mgr Fournier, adressa, — nous l'avons vu, — à Sa Grandeur un rapport très étendu sur sa maison. Il lui faisait part de ses inquiétudes pour l'avenir, alors que la guerre avait ruiné nos campagnes. Il insistait tout particulièrement sur les besoins où il se trouvait momentanément par suite de la cherté des vivres et du petit nombre d'élèves

[1] Une autre preuve plus développée est renvoyée en Appendice, à la fin du volume.

inscrits pour la rentrée. Il lui demandait en con-
séquence des subsides d'un chiffre assez élevé.

Mgr Fournier, effrayé des dépenses considérables que réclamaient de toutes parts les œuvres
diocésaines, et désireux de réduire le nombre des
collèges, crut peut-être voir dans le rapport de
M. Goudé un argument en faveur de l'opinion qui
prévalait alors : la centralisation de l'enseignement diocésain. Il fit donc annoncer que le collège
de Sainte-Marie allait être supprimé.

Mais alors les habitants de Châteaubriant, nous
l'avons vu, protestèrent avec énergie. Trois d'entre
eux se rendirent en députation à l'évêché, et dans
cette entrevue, que nous avons racontée en partie,
Mgr Fournier avait dit à ces délégués : « Si
je supprime votre collège, c'est que le supérieur
lui-même reconnaît que ce collège n'a pas de ressources suffisantes pour vivre. »

C'est de là, croyons-nous, que date tout le
malentendu qui a jeté tant de tristesses sur les
dernières années de ce saint prêtre dont nous
sommes heureux de réhabiliter la mémoire.

Loin de nous la pensée d'imputer à qui que ce
soit l'injustice qui pesa sur M. Goudé et fut peut-

être la cause de sa mort prématurée. Mais nous avons regardé comme une mission que nous avait confiée la Providence, de mettre en lumière des faits, jusqu'alors incomplètement connus.

Nous pouvons, en terminant, nous rendre le témoignage que nous l'avons fait sans passion comme sans faiblesse. Puisse le lecteur nous tenir compte de notre bonne volonté et croire que nous avons été soutenu, dans cette tâche laborieuse, par l'unique désir de faire triompher la justice et de rétablir la vérité !

CHAPITRE VIII

Portrait de M. l'abbé Goudé. — Son esprit sacerdotal. — Sa sagesse dans la direction de sa maison. — Estime qu'il inspirait.

M. l'abbé Goudé avait une taille un peu au-dessus de la moyenne. Il était droit, presque mince. Son front large et haut révélait une belle intelligence. Il était couronné par une chevelure noire très épaisse, que les travaux de toutes sortes, ajoutons aussi les chagrins, firent blan-chir avant le temps. Ses yeux étaient grands et expressifs ; sa physionomie grave, peut-être même un peu sévère : ce qui lui donnait au premier abord un air de froideur ; mais cette froideur était plus apparente que réelle.

Il portait dans toute sa personne, aussi bien dans son maintien que dans ses vêtements, la dignité sacerdotale qui sied si bien au ministre de Jésus-Christ. C'était, en un mot, un modèle de bon ton et de bonne tenue, et cela sans mondanité, sans affectation aucune.

Dans ses rapports avec ses confrères, M. Goudé était d'une urbanité exquise. Il avait particulièrement dans la conversation une discrétion et une délicatesse remarquables. Rien dans ses paroles ne pouvait froisser ou blesser personne. Jamais il ne manquait à l'esprit de charité; bien plus il ne souffrait pas qu'on y manquât en sa présence. Si l'on tentait quelque critique, si légère fût-elle, contre les hommes qu'on savait lui être peu sympathiques : — « Allons! allons! disait-il, avec un petit mouvement de vivacité; prenons garde de juger notre prochain! Qui sait si, placés dans les mêmes circonstances, nous n'eussions pas plus mal fait? »

On aimait à le voir présider les cérémonies religieuses. Il célébrait particulièrement le saint Sacrifice avec une piété tout angélique; son cœur était vraiment détaché de la terre pendant cette demi-heure d'entretien avec Dieu. « Je lui servis
« la messe une année entière, nous écrit un de
« ses anciens clercs, et dans ces instants solen-

« nels, je ne pouvais me défendre d'une sorte de
« vénération pour sa personne. »

Il aimait que tout fût resplendissant dans la
chapelle les jours de fête. Qui ne se rappelle la
décoration magnifique des autels, la couronne de
verdure et de fleurs qui entourait l'image de
Marie? Au jour de la fête patronale, le 2 juillet,
jour choisi en même temps pour la première communion des enfants, la chapelle Sainte-Marie et
toute la maison prenaient un aspect de fête vraiment beau à voir. Et pour rehausser l'éclat de la
cérémonie, combien M. Goudé aimait à inviter
ses anciens élèves et tout le clergé d'alentour!

Mais ce n'était pas assez d'orner la chapelle, il
voulait faire aimer chacune des choses qui se rat-
tachent au culte extérieur. Il pensait avec raison,
que si l'on veut inculquer à de jeunes enfants,
élèves du sanctuaire, l'esprit de religion et de
respect pour la maison de Dieu, il n'est pas de
meilleur moyen que de leur confier le soin des
autels. Il ne regardait pas comme un temps perdu
ou mal employé ces instants, où des séminaristes
venaient éprouver ou nourrir les aptitudes naissantes de leur vocation. Il aimait à exercer déjà

leur zèle pour tout ce qui touche, de près ou de loin, au grand sacrement dont plus tard ils doivent devenir les ministres et les dispensateurs. Que ces humbles fonctions, confiées à des mains innocentes, ont été agréables au Seigneur! Que de grâces n'ont-elles pas values à ceux qui les ont remplies avec foi, avec amour!

Non seulement M. Goudé confiait à ses élèves la plus grande partie des soins que réclamait la chapelle, mais il voulait encore que ce fût un congréganiste qui veillât à l'entretien des parterres de fleurs disposés, sur la cour de recréation, de chaque côté de la statue de Marie. « Quel frais souvenir, nous dit un ancien congréganiste, me rappellent ces pieux travaux auxquels je me suis livré autrefois! Ma vocation s'est affermie dans cette sorte de contact avec Dieu et sa sainte Mère. »

M. Goudé entendait bien les devoirs de sa charge. Il comparait le supérieur à « une barre de fer recouverte de velours. » C'était assez dire qu'il voulait pour lui la fermeté revêtue de douceur. Mais, disons-le à sa louange, chez lui les sentiments de père dominaient toujours ceux de supérieur. « Si vous n'avez rien des sentiments de père, je dirai même de mère, disait-il un jour, vous n'entendez pas le premier mot de l'éducation; vous ne ferez jamais rien qui vaille. » On regrettait devant lui qu'un ecclésiastique, doué de facultés remarquables, et placé à la tête d'une importante maison, n'y eût réussi que d'une manière incomplète : « Il lui manque, dit M. Goudé, une qualité maîtresse, une qualité qui n'est pas donnée à tous : il n'a pas assez conscience de sa paternité. »

M. Goudé avait bien le droit de parler ainsi, car il était certainement doué de cette qualité qu'il exigeait des autres. Avec quelle expression il prononçait ces mots : « Mes enfants, mes chers enfants! » Cette parole n'avait rien de banal dans sa bouche. Je crois encore entendre le son de sa voix, qui pénétrait jusqu'au plus intime de l'âme.

M. Goudé aimait donc bien ses enfants; aussi était-il profondément affligé quand, par leur conduite, ils ne répondaient pas à ses soins. Ses lectures spirituelles, toujours si intéressantes, s'imprégnaient de tristesse; sa parole grave et émue allait droit au cœur.

Mais si M. Goudé aimait ses élèves avec un amour de père, de leur côté les élèves aimaient M. Goudé avec un amour d'enfants. Un exemple nous suffira à prouver que nous parlons sans figure et sans exagération.

Dans les premières années de son séjour à Sainte-Marie, le supérieur eut à regretter qu'un certain mauvais esprit se fût introduit dans la maison. Quelques désobéissances trop souvent répétées demandaient un remède à la fois prompt et énergique. Celui auquel songea M. Goudé pourra paraître étrange ; il fera peut-être sourire, et cependant nous souhaitons à tous les supérieurs de maisons d'éducation qu'il leur réussisse aussi bien qu'au supérieur de Châteaubriant. Au soir donc d'une journée fertile en espiègleries et en insubordinations, M. Goudé n'apparut pas à l'heure de la lecture spirituelle. Un professeur vint à sa place et s'exprima à peu près ainsi :

« Messieurs, M. le supérieur m'a chargé de vous annoncer que votre conduite d'aujourd'hui a mis le comble à ses peines. Son cœur est trop attristé et ses yeux sont trop pleins de larmes pour qu'il puisse venir ici. Désormais il ne paraîtra plus au milieu de vous jusqu'à ce que, par une conduite meilleure, vous ayez manifesté le désir de le revoir. »

Ces paroles furent accueillies par un profond silence. On se rendit au réfectoire : la place du supérieur était vide. Le lendemain, le supérieur ne célébra pas la messe de communauté; personne ne le vit ni au dîner, ni à la récréation de midi. Les élèves enfin ne purent pas y tenir plus longtemps. Ils s'attroupèrent sur la cour et une délégation, composée des congréganistes et des premiers de chaque classe, sollicita la permission d'être introduite auprès du supérieur. On les conduisit à sa chambre. Les jeunes délégués prirent alors la parole, offrirent les excuses sincères de tous leurs condisciples, supplièrent M. Goudé de leur pardonner le passé et l'assurèrent, de la manière la plus énergique, qu'ils feraient tous leurs efforts pour réparer un moment d'irréflexion et d'égarement.

Touché jusqu'aux larmes de leurs promesses et de leur démarche, M. Goudé reparut sur la cour. Alors les cris de joie, les témoignages d'allégresse furent si vifs que le supérieur ne put résister à l'émotion. Le cœur du père l'emporta cette fois encore sur la sévérité du supérieur, et une promenade de faveur vint cimenter la réconciliation et augmenter la joie de toute cette petite famille. On avait senti qu'à partir de cet instant tout était oublié.

M. Goudé accordait, en effet, de temps en temps des promenades extraordinaires. Il comprenait qu'il faut mesurer aux enfants leur tâche avec indulgence, et que c'est être sage que de savoir unir ensemble le travail et le repos. Deux excès contraires sont en présence. L'un a pour résultat de surmener une jeune intelligence et d'épuiser ses forces ; l'autre l'amollit, l'énerve, la met hors d'état de produire tout ce qu'elle aurait pu donner ; M. Goudé sut éviter ces deux excès.

Souvent, dans ces promenades extraordinaires, le supérieur conduisait lui-même la communauté. La joie alors devenait plus vive ; surtout quand il prenait pour but des excursions le Bois-Hamon, le Bois-Brient, Saint-Aubin-des-Châteaux et la gentilhommière du Plessis, le parc de Châteaubriant, Saint-Pater..... Dans ces circonstances, les enfants devinaient qu'une chasse à l'écureuil leur était réservée.

Alors quels cris de joie! Quels vivats prolongés! En entrant dans les bois, chacun interrogeait les arbres d'un regard scrutateur; on secouait les jeunes pins et les gros étaient frappés du bélier. C'était un vrai siège donné aux écureuils dans leurs citadelles aériennes; quelque chose qui rappelait de loin les sièges de Troie, de Carthage et de Syracuse!

Sitôt que l'agile grimpeur sortait de son nid de mousse et de feuilles sèches, des cris aussi éclatants que le son des trompettes de Jéricho et couronnés d'autant de succès, ahurissaient la pauvre bête. Elle se laissait choir des arbres à demi morte de frayeur et bientôt les écoliers triomphants la faisaient prisonnière.

Lorsqu'on rencontrait un vieux routier déjà aguerri, on grimpait dans les arbres pour le cerner, et après lui avoir coupé la retraite, on le forçait à se rendre. Si le rusé rongeur, trompant la vigilance de ses ennemis, se réfugiait dans une tannière, on l'enfumait comme un simple renard.

« Cet âge est sans pitié! »

Ah! c'étaient de bons moments que ceux où les

collégiens de Sainte-Marie revenaient, après trois heures de cris et de chasses, harassés comme une meute; mais possesseurs d'un butin plus précieux que vingt dépouilles opimes.

Malgré sa mauvaise santé et le peu de goût qu'il avait pour les exercices violents, M. Goudé était cependant l'âme de tous les jeux. Il y prenait part afin de donner par sa présence l'élan et l'initiative dont les enfants ont souvent besoin, surtout pour s'organiser; car ce n'est pas chose facile quand on n'a que douze ans.

A l'occasion de sa fête et souvent une seconde fois dans l'année, il accordait ces grandes promenades en voiture, dont le souvenir est encore si vivant dans le cœur des anciens élèves.

La veille du grand jour si impatiemment attendu, on arrêtait une dizaine de chevaux et cinq ou six chars-à-bancs. Le lendemain matin, dès sept heures, tous ces véhicules plus ou moins mal conduits s'ébranlaient vers un des sites les plus pittoresques de la contrée.

Tantôt on allait visiter Pouancé, les ruines imposantes de ses vieilles tours crénelées, le château de Preaulx et ses splendeurs, le parc, les étangs et surtout le bois d'Aligre, vrai Trianon de la province, avec son lac, ses pelouses, ses charmilles, ses fontaines et son fameux tombeau de l'*Émigré*. Ce tombeau renferme les restes d'un inconnu. Cet inconnu, le peuple lui décerna l'auréole des saints, et M. le marquis d'Aligre, non moins généreux, l'éleva aux honneurs *posthumes* de l'épiscopat, en décorant sa pierre sépulcrale d'une mître et d'une crosse d'évêque.

Une autre fois, le collège Sainte-Marie partait pour l'abbaye de Meilleraye. Le monastère avec ses longs cloîtres silencieux, sa chapelle sévère et tout cet ensemble de calme religieux qui respire l'austérité et la pénitence, ne faisait pas une faible impression sur de jeunes enfants dont la plupart ne connaissaient les moines que de nom.

Tantôt encore, on allait visiter Saint-Julien-de-Vouvantes, son antique sanctuaire et ses fontaines célèbres dans le pays. Puis, après le dîner pris à la table de l'hospitalier et vénérable pasteur, toute la bande joyeuse des écoliers allait prendre ses ébats dans la grande prairie. C'est la prairie rendue fameuse par les joutes des Bas-Bretons qui vinrent en pèlerins, pendant plus de trois cents ans, pour vénérer les reliques de saint Julien de Brioude. Quand les pèlerins avaient satisfait leur dévotion, ils se livraient à des exercices d'un tout autre genre. Ainsi le voulait l'antique usage.

> Avez-vous de belles fêtes
> Pour honorer vos Patrons?
> Et pour mettre en l'air les têtes
> Avez-vous de vrais Pardons?
> Aux Pardons les garçons luttent
> De vigueur et de fierté.

Mais il serait trop long de citer tous les lieux qui servirent de but aux excursions de cette trop heureuse jeunesse. Ajoutons seulement que les curieuses verreries de Javardan, que Rougé et ses carrières de minerai, les forges de la Hunaudière et les ruines du château Saint-Clair à Derval, virent revenir de temps en temps les petits collégiens de Châteaubriant.

Une fois il arriva une aventure extraordinaire.

Dans une promenade accordée par Mgr Jaquemet, professeurs et élèves se dirigeaient en voiture vers Treffieuc. L'Évêque de Nantes devait s'y rendre pour y donner la confirmation. Chemin faisant, on eut la fantaisie de décorer voitures et chevaux de feuillages verdoyants et de genêts aux fleurs d'or. Les genêts sont la parure des landes de notre Bretagne. Étonnés d'un si beau spectacle et entendant les harmonieux cantiques chantés par ces enfants, les braves paysans du lieu s'imaginent que Monseigneur l'Évêque arrive luimême en personne. L'alerte est donnée aussitôt. Les cloches sonnent à toute volée, et nos étourdis, abusant de la simplicité des âmes naïves, s'avancent en triomphe. Nous osons à peine le dire, mais qu'on nous pardonne et qu'on leur pardonne ! Voyant ces braves gens se mettre à genoux sur leur passage pour recevoir la bénédiction épiscopale, les collégiens eurent une audace que nous ne prétendons point excuser :

> *Leurs* bénédictions, dans le trouble croissant,
> *Ils osaient* les répandre et par vingt et par cent.

M. Goudé n'était pas seulement le supérieur de Sainte-Marie, il en était aussi le directeur spirituel. Dans cette fonction si délicate, il avait encore davantage, s'il est possible, le sentiment de sa paternité. Pendant la première moitié de son supériorat, il confessait la plus grande partie de la communauté ; plus tard, il partagea ce fardeau avec M. l'abbé Bécavin, qui fut pendant quatorze ans son collaborateur et son ami.

Pour imprimer une direction vraiment chrétienne à toute sa maison, M. Goudé tirait un excellent parti de l'exercice qu'on nomme la lecture spirituelle. Il considérait la lecture spirituelle comme une des obligations les plus importantes d'un supérieur ; aussi, en règle générale, ne voulut-il jamais en confier le soin à ses collaborateurs. D'ailleurs, sa grande facilité d'élocution et son habitude du recueillement, donnaient à sa parole une onction pénétrante. On l'écoutait avec plaisir ; on était captivé, en quelque sorte, par le charme de son récit et par la dignité imposante de sa personne. Parfois même, il atteignait une véritable éloquence ; surtout quand il abordait son sujet préféré : les gloires de la sainte Vierge. Sur un tel sujet son cœur était prêt à s'épancher sans cesse. On en a vu bien des preuves. Un dimanche — c'était pendant les vacances — il arrive à Saint-Julien. Il entre à l'église ; la grand'messe était commencée. Le vénérable curé qui avait pour M. Goudé une cordiale affection, s'avance vers lui, et lui demande de prendre la parole. On célébrait la fête du saint Nom de Marie. M. Goudé se recueille quelques instants, monte en chaire et choisit pour texte cette pensée des saints Évangiles : *Et nomen Virginis Maria.* Il parla avec une admirable facilité et une touchante onction de ce nom qui lui était cher entre tous.

Une autre année, M. Goudé, avec l'aide de ses professeurs, donna lui-même aux élèves de Sainte-Marie la retraite annuelle : « Je me souviens toujours, nous déclare un ancien élève, de l'acte de contrition qu'il prononça la veille de la clôture. Il avait, avant le sermon, déposé un crucifix sur l'autel. Le prenant alors dans ses mains tremblantes d'émotion, il nous fit voir notre œuvre, *rursum crucifigentes.* Ce fut un moment saisissant ; l'auditoire était attendri. Rarement M. Goudé fut mieux inspiré. Après sa véhémente exhortation, nous nous présentâmes tous pour baiser la croix ; et, dans ces heureuses dispositions, nous allâmes nous jeter aux pieds de nos confesseurs pour recevoir l'absolution. Assurément cette retraite ne fut pas la moins fructueuse ! »

Pour le jour de la distribution des prix, M. Goudé avait établi un touchant usage. Avant de quitter la maison, tous les lauréats étaient invités à se rendre sur la cour, auprès du monument de la sainte Vierge, pour y déposer leurs couronnes. C'était un dernier adieu et tout à la fois un témoignage de reconnaissance. Aussi personne n'y manquait; chacun était fidèle à venir s'agenouiller aux pieds de la Vierge qui avait présidé à ses jeux et à ses travaux.

Avec une direction si sage et sous un supérieur si pieux et si dévoué, Sainte-Marie ne pouvait manquer de produire un très grand bien. Que d'enfants, pendant vingt-trois années, vinrent y puiser abondamment la sève de la vie chrétienne ! Que de prêtres et d'hommes du monde se rappellent encore les jours du collège de Châteaubriant, jours si purs où pas un nuage ne venait assombrir leur existence !

Les faits dont nous venons de parler expliquent l'estime que M. Goudé inspirait aux hommes les plus capables de l'apprécier. Qu'on nous permette d'en citer ici deux témoignages.

M. l'abbé Branchereau, alors supérieur au

grand séminaire de Nantes, envoyant au Collège Sainte-Marie un jeune prêtre auquel il était fort attaché, lui dit : « Allez avec confiance, mon cher ami, vers ce poste que la Providence vous confie ; vous trouverez dans votre supérieur un homme de beaucoup de cœur et d'une belle intelligence. »

« Quand j'arrivai à Combrée, nous écrit un prêtre, ancien élève de Sainte-Marie, le supérieur de la maison, M. l'abbé Levoyer, me fit l'éloge de M. Goudé : « Ah ! vous venez de Châteaubriant, « me dit-il, je vous en félicite. Vous avez là un « supérieur bien remarquable pour son grand « amour envers la sainte Vierge. Vous devez, à « son exemple, aimer beaucoup vous-même cette « bonne mère. »

Parole digne d'être rapportée à la louange de M. Goudé, parole qui caractérise surtout la qualité dominante de cet homme d'un grand talent et d'une piété plus grande encore, parole qui rappelle l'éloge bien connu que l'on décerne à saint Bernard : « Il fut un dévot serviteur de Marie ! »

TROISIÈME PARTIE

CHAPITRE PREMIER

M. Goudé, aumônier des Dames de Chavagnes. — Visites au Saint-Sacrement. — Histoires et Légendes du pays de Châteaubriant. — Musée.

M. Goudé quittait Sainte-Marie et était nommé aumônier du pensionnat de Nazareth, dirigé par les Dames de Chavagnes; où allait-il habiter? Plusieurs maisons lui furent offertes; le pauvre prêtre avait encore des amis, même au sein de la plus cruelle adversité. Il choisit une demeure au centre de la ville, sur la place Saint-Nicolas. Elle était située tout auprès de la chapelle où il allait chaque matin offrir le saint Sacrifice, et où il devait s'unir encore avec une plus parfaite conformité à la victime de la croix. C'est là qu'il vécut pendant dix années ; là qu'il reçut, dans son modeste salon, la visite de ses anciens élèves et de ses amis ; là enfin qu'il se livra aux travaux intellectuels au milieu desquels la mort est venue le surprendre.

Rien de plus retiré, de plus calme et de plus simple que cette vie : elle fut toute remplie par la prière et par l'étude. Le matin, M. Goudé sortait pour aller dire la sainte Messe. Une fois par semaine, il se rendait à l'hospice de Châteaubriant pour se mettre à la disposition des religieuses. Il était leur directeur spirituel depuis 1855, et pendant vingt-six ans, jusqu'à sa mort, il leur a prodigué ses soins avec la plus constante sollicitude.

Chaque dimanche, il assistait aux offices de Béré, son ancienne paroisse. Des liens puissants l'attachaient à cette église « la gloire de ce pays, la mère de la cité castrobrientaise, la fille chérie de ses anciens barons, la maîtresse de soixante-dix autres églises, le premier des doyennés du diocèse, enfin l'œuvre des enfants de Saint-Benoît qui l'ont si bien établie qu'elle porte aujourd'hui sans fatigue, ni caducité aucune, huit siècles bientôt révolus [1]. »

M. Goudé, avons-nous dit, avait éprouvé de grandes peines de cœur au moment de son départ de Sainte-Marie; il voulut les oublier, s'il était possible, en s'absorbant dans des travaux aussi multiples que variés. « J'avais entrepris, depuis ma sortie de Sainte-Marie, lisons-nous dans ses Mémoires, d'écrire l'histoire du diocèse de Nantes. J'avais réuni beaucoup de matériaux et cherché à débrouiller le chaos de nos origines religieuses; mais je fus découragé par la grandeur et la difficulté de ma tâche.

« Je reportai mon esprit vers une idée que j'avais eue autrefois, et dont j'avais été distrait par l'*Histoire de Châteaubriant*. Je désirais composer une série de visites au Saint-Sacrement, à l'usage des petits séminaires et des élèves ecclésiastiques. Plus je lisais l'ouvrage de saint Liguori, plus je sentais qu'il n'offrait au jeune lévite aucune considération capable d'éveiller son attention. Il ne lui parle, en effet, ni de sa vie,

---

[1] Extrait d'un article publié par M. Goudé dans la *Semaine religieuse* du diocèse de Nantes.

ni de son état-futur, ni de ses craintes, ni de ses espérances.

« Je repris donc ma pensée d'autrefois et j'écrivis, Dieu m'aidant, un petit livre composé de trente visites. Cet ouvrage fut terminé en février 1874. Monseigneur, à qui il fut soumis, m'envoya une lettre des plus flatteuses, que je m'empressai de placer en tête du volume.

« Mon but, mon unique but est de travailler à la gloire de Notre Seigneur Jésus-Christ et de répandre son amour dans les âmes. Puisque je ne puis plus le faire assez de vive voix, mon livre parlera pour moi. Je souhaite qu'il tombe entre les mains d'un grand nombre de jeunes gens et qu'il leur fasse, dans le silence du sanctuaire, tout le bien que j'ai désiré en le composant. Ainsi mon ministère ne demeurera pas stérile; je travaillerai encore pour Dieu alors que je ne serai plus sur la terre. Puisse ce pauvre petit livre m'être compté pour quelque chose au tribunal de mon souverain Juge! »

La lettre de Mgr Fournier ne fut pas le seul témoignage flatteur accordé aux *Visites au Saint-Sacrement;* des analyses élogieuses de cet ouvrage parurent dans l'*Espérance du Peuple*, dans les *Semaines religieuses* d'Angers et de Séez et dans un journal catholique d'Alençon.

Mgr Richard reçut un exemplaire du pieux volume. Il écrivit, en retour, à l'auteur une lettre trop affectueuse pour que nous ne la reproduisions pas ici.

ARCHEVÊCHÉ DE PARIS

« Paris, 4 septembre 1871.

« Cher Monsieur Goudé,

« Je me demande comment j'ai pu ne pas ré-
« pondre plus tôt à votre bonne lettre et au gra-
« cieux envoi des *Visites au Saint-Sacrement*
« qui l'accompagnait.

« Vous ne sauriez croire combien j'ai été heu-
« reux d'avoir de vos nouvelles par vous-même.
« Je sens que les liens d'amitié qui m'unissaient
« à nos anciens supérieurs et professeurs des
« maisons d'éducation nantaises, ne sont point
« brisés pour moi. Tout ce qui me rappelle un
« passé, plein de charmes encore dans ma mé-
« moire, ne peut me trouver indifférent.

« Mais plus j'avance, plus je porte le poids des
« mille nécessités de la vie présente; et je vais
« le plus souvent, non où le cœur me conduit,
« mais où le devoir m'appelle. C'est là ce qui
« m'est arrivé pour vous.

« Veuillez, cher Monsieur Goudé, vous sou-
« venir de moi devant le bon Dieu et agréer l'assu-
« rance de mon affectueux dévouement en N.-S.

« † FRANÇOIS,

« Archevêque de Larisse. »

M. Goudé s'était fait une habitude tyrannique
du travail. Sa plume devenait de plus en plus
féconde, et, en 1879, il nous donnait un nouveau
fruit de ses veilles. « Les sept annés que je
venais de passer dans une inaction apparente,
écrit-il dans ses Mémoires, n'avaient pas cependant été improductives. Forcé de prendre de
l'exercice, et même un exercice violent, pour
améliorer ma santé ébranlée par d'affreuses migraines, j'avais cherché à utiliser mes promenades en leur donnant un but. Je m'étais mis à
faire de l'histoire locale et de la géologie. Cette
année, 1879, je composai un volume ayant pour

titre : *Histoires et Légendes du pays de Châteaubriant. Promenades aux environs. Monuments civils et religieux. Antiquités et curiosités.* Seize photographies reproduites par la photoglyptie, procédé qui les rend inaltérables, illustrèrent l'ouvrage. »

M. le sénateur de la Sicotière, ami intime de M. Goudé, salua, avec la grâce et le talent qui lui appartiennent, l'apparition des *Histoires et Légendes*. Il en publia un remarquable compte rendu dans la *Revue de Bretagne et de Vendée* [1]. « Comme le titre l'indique, écrivait M. de la Sicotière, c'est un bouquet de récits, de traditions, de notes historiques ou descriptives, de biographies même, cueillis dans le pays de Châteaubriant. L'imagination y côtoie la réalité; les élégances et les recherches de la plume, les leçons morales s'y mêlent aux enseignements historiques..... Ce n'est pas que la légende n'ait, elle aussi, son côté sérieux, qu'elle ne soit le plus souvent l'idéalisation ou le vestige de certains faits réels. Elle peut défigurer les détails, jamais

---

[1] *Revue de Bretagne et Vendée*, V⁰ série; 2e livraison. Février 1880.

les sentiments, jamais les croyances qui sont comme le fond du peuple en général ou d'un peuple en particulier. »

Les *Histoires et Légendes* nous laissaient espérer de nouvelles œuvres d'une importance au moins aussi grande. Notre espérance fut trompée.

« Moins de deux ans après, au mois de janvier 1881, dit M. Goudé, la divine Providence m'affligea d'une fièvre muqueuse, qui me força à garder la chambre pendant plusieurs mois. Je profitai de ce temps pour compléter un petit travail dont j'avais déjà posé les premières assises, six mois auparavant. C'était un *Manuel pour la Neuvaine en l'honneur de saint Victorien;* l'ancien manuel laissait beaucoup à désirer. Je l'achevai pendant ces semaines de souffrances et de convalescence, et je le fis imprimer à mes frais. J'ai le dessein d'en distribuer les exemplaires pour la gloire de Dieu et de son illustre martyr [1]. »

[1] Ces lignes, écrites au mois de juin 1884, sont les dernières des Mémoires de M. Goudé. L'enveloppe de ces Mémoires porte, comme inscription, les lignes suivantes :

Mais, à notre humble avis, le travail principal de M. Goudé, le travail qui lui fait le plus d'honneur, c'est celui qui a produit les magnifiques collections géologiques et minéralogiques du musée de Châteaubriant. L'ancien supérieur a employé à cette œuvre vingt années d'investigations laborieuses et patientes.

« Pendant que je faisais mes recherches historiques, archéologiques et légendaires, écrit-il dans ses Mémoires, je réunissais les éléments d'un futur musée d'histoire naturelle. Il m'est impossible de dire le temps, les fatigues et l'argent que j'ai dépensés pour collectionner ces minéraux, ces fossiles et ces antiques. Il faut être du métier pour apprécier à sa valeur ce genre de travail. Je me fais souvent cette question : *Quid hoc ad œternitatem ?* Cependant j'ose espérer que d'autres après moi, et comme moi, verront dans ces pierres quelque chose de plus qu'une matière insensible. J'aime à croire qu'ils y trouveront une preuve à l'appui des vérités contenues dans nos

« Ces cahiers, qui contiennent les annales du collége Sainte-Marie, sont en même temps l'histoire des trente-trois années que j'ai passées à Châteaubriant, histoire militante et laborieuse. »

saints Livres, èt en même temps l'occasion d'admirer la puissance de Dieu. *Fiat! Fiat!* »

M. Goudé, en étudiant les œuvres de Dieu, savait toujours reporter sa pensée vers le Créateur. Il admirait la puissance et la sagesse divines qui éclatent de toute part dans la création ; il évitait ainsi le reproche adressé par l'Apôtre à ceux qui s'arrêtent à l'effet sans remonter à la cause[1].

Un prêtre qui fait partie de la commission du Muséum de Saint-Malo, et qui partageait toutes les idées de M. Goudé sur l'importance des études géologiques relativement à l'exégèse biblique, lui écrivait les lignes suivantes : « Mon idée prin-
« cipale a toujours été d'instruire la jeunesse dans
« l'histoire naturelle. Combien de pensées reli-
« gieuses peuvent être suggérées aux âmes par la
« création ! De plus, l'histoire naturelle actuelle,
« et particulièrement la conchyliologie, conduit à
« l'intelligence claire de la paléontologie, si né-
« cessaire aujourd'hui pour l'étude des six jours
« de la création. Aussi, lorsque je fais des collec-
« tions ou que j'imprime des petits ouvrages

[1] S. Paul. Ad Rom., i, 25. *Servierunt creaturæ potiusquam Creatori.*

« d'explication, ai-je toujours en vue d'être utile
« aux petits et aux grands séminaires. »

M. Goudé s'efforçait de trouver dans ses études
scientifiques de nouveaux arguments en faveur
de nos livres saints. Mais il voulait qu'avant tout
on respectât la Bible, convaincu que la vraie
science aura toujours pour résultat d'expliquer et
de confirmer les assertions de l'Écriture.

Un jour, il reçoit un ouvrage d'un géologue
avec qui il avait eu jusque-là de fréquents rapports. Il l'ouvre et tombe sur un passage où se
trouvait mise en doute l'authenticité des saints
Livres. M. Goudé referme aussitôt ces pages avec
indignation, et les renvoie à son maladroit correspondant, lui demandant, avec les formes les
plus polies, s'il ne s'était point trompé d'adresse.

Dans une tranchée de quarante-cinq pieds, faite
lors de la construction d'une voie ferrée à Châteaubriant, M. Goudé eut la bonne fortune de
trouver une série très variée de *bilobites*. Sa joie
fut extrême. Quels beaux éléments pour étudier
une question d'un si vif intérêt scientifique, une
question sur laquelle le monde savant est si peu
d'accord !

Les *bilobites* sont-elles des empreintes fossiles de végétaux ; ou bien, comme le prétendent quelques-uns, la simple trace que le passage d'annelés a laissée empreinte sur la vase argileuse ?

Pour éclaircir ses doutes, M. Goudé en écrivit à plusieurs géologues renommés. Il se mit en rapport avec MM. de Lapparent, Arthur de Lisle, Letellier, Barrande, le comte de Limur..... Il se fit le disciple de ces savants professeurs et, sous leur direction, étudia avec ardeur l'étage silurien et les magnifiques échantillons de *bilobites* si répandues aux environs de Châteaubriant.

M. Goudé avait non-seulement formé de belles collections paléontologiques, mais il avait aussi recueilli des spécimens de géologie et de minéralogie en nombre suffisant pour faire connaître la nature de cette région peu explorée jusqu'ici. Puis, ses études antérieures d'histoire locale lui avaient permis de se procurer bien des objets curieux en numismatique et en archéologie. Or, toutes ces différentes choses formaient, réunies ensemble, un tout assez complet et digne du plus haut intérêt.

Mais quel serait le fruit de tant de travail, de

recherches et de dépenses? Tout cela serait-il détruit ou dispersé après sa mort? Dans le désir d'éviter ce malheur, M. Goudé fit à la ville de Châteaubriant l'offre de son musée tout entier. Il ne demandait en retour qu'une salle convenable pour l'y installer. L'offre fut acceptée, et on mit à sa disposition la fameuse chambre de Françoise de Foix dans le château bâti par Jean de Laval en 1524.

C'est là que M. Goudé avait commencé la classification de ses minéraux et de ses fossiles, quand la mort est venue le frapper. Son travail ne fut pas achevé; le sera-t-il jamais? Les administrateurs de notre cité sont-ils assez amis des sciences pour nous permettre cet espoir? Un doute sur ce point ne nous paraît pas téméraire.

Nous ne passerons pas outre, sans dire ici toute notre pensée sur l'acte de donation que fit M. Goudé à la ville de Châteaubriant. Cette pensée, d'ailleurs, nous le savons, d'autres que nous la partagent,

M. Goudé, en léguant son musée à la ville de Châteaubriant, se proposait un double but : il voulait procurer aux hommes studieux des collections utiles à leurs études ; il voulait en même temps préserver son œuvre de la destruction. Ce double but sera-t-il atteint ? Nous n'osons le croire.

Qui donc, par goût ou par nécessité, s'en va travailler dans un musée ? Assurément ce ne sont point les gens du monde, encore moins les gens du peuple. A l'enseignement supérieur seul appartient de mettre sous les yeux des étudiants ce livre mystérieux de la nature. Le premier venu ne peut ni comprendre ni interpréter ces archives au milieu desquelles le savant investigateur n'avance qu'avec des précautions infinies. Les temps antédiluviens, en effet, sont des arcanes dont bien peu de spécialistes même possèdent le secret !

Châteaubriant — j'en dirais autant de toute autre ville d'une aussi faible importance, — Châteaubriant produira-t-il, tous les cent ans, un seul homme doué des aptitudes nécessaires pour ces études si minutieuses et si complexes ? Et si par hasard — l'hypothèse n'est guère vraisemblable ! — si par hasard cet homme unique se trouvait, ce ne serait pas dans un musée local, quelque intéressant qu'il fût, qu'il irait chercher la science. Il se rendrait dans quelque centre universitaire où il trouverait, avec plus de ressources pour l'étude, l'avantage incomparable d'un professeur.

Le premier but que M. Goudé se proposait ne sera donc pas atteint. Le second, du moins, le sera-t-il?

Ses collections seront-elles entourées des soins qu'elles méritent? Nous ne voudrions froisser personne; mais le passé ne peut-il pas nous faire craindre pour l'avenir? Que peut-on attendre d'hommes qui, oubliant les devoirs les plus élémentaires de la reconnaissance, n'ont pas eu le courage d'offrir à la dépouille mortelle de cet insigne bienfaiteur de la ville, les deux mètres carrés où elle repose?

Tout ceci nous remet en mémoire une parole tombée des lèvres de M. Goudé. Un jour que notre ancien supérieur s'entretenait avec nous, il vint à parler de la reconnaissance. « Ah! mon cher ami, nous dit-il d'un air profondément triste, la reconnaissance ne peut plus se définir comme autrefois. La *reconnaissance*, disait-on jadis, *est un sentiment qui nous fait nous ressouvenir des bienfaits passés*. Aujourd'hui, il faudrait dire : *la reconnaissance est l'attente des bienfaits à venir*. Là où il n'y a plus de bienfaits à attendre, il n'y a plus de reconnaissance à avoir.

Nous regrettons de rester sur cette parole qui n'est pas sans amertume ; mais l'expérience ne montre-t-elle pas qu'elle n'est, hélas ! que l'expression trop exacte d'une bien triste réalité !

CHAPITRE II

Au sein de la petite solitude qu'il s'était faite, M. Goudé, nous l'avons vu, ne demeurait pas inactif. Malgré le travail que lui imposait l'œuvre de son musée, œuvre à laquelle il s'était dévoué, je dirais presque avec passion, il trouvait encore du temps pour d'autres occupations et d'autres soins. Il se mettait à la disposition de ses amis et cherchait toutes les occasions de leur être agréable.

C'est ainsi qu'il fit à M. l'abbé Guilloux, son ancien condisciple, la proposition de collaborer quelquefois à la *Semaine religieuse*. « Votre « plume est bien taillée, lui répondait le Direc- « teur de la *Semaine*, et certes vous n'êtes pas « le premier venu. Vos articles seront toujours

« une bonne fortune pour les lecteurs de mon
« petit journal et pour son modeste rédacteur [1]. »

M. Goudé accepta encore d'écrire de temps en
temps dans la *Revue de Bretagne et de Vendée.*
Nous croyons que, s'il n'avait pas été si tôt enlevé
par la mort, il aurait fait part aux lecteurs de
cette intéressante *Revue* du fruit de ses décou-
vertes géologiques. Ses études sur des phéno-
mènes de pétrification, études qu'il laisse en
manuscrit [2], auraient trouvé, sans doute, une
place toute naturelle dans une revue qui traite
non seulement des sujets littéraires, mais encore
des sujets scientifiques.

[1] Le dernier article que M. Goudé donna à la *Semaine
religieuse* fut un compte rendu très détaillé et très intéressant des fêtes de Chauvé, à l'occasion du cinquantième
anniversaire, dans le sacerdoce, « du bon curé » M. l'abbé
Guihal.

[2] M. Goudé laisse en portefeuille :

1° Des matériaux pour servir à l'*Histoire ecclésiastique du
diocèse de Nantes;*

2° Un Projet de *Chemin de la Croix à l'usage des ecclésiastiques;*

3° Une *Notice historique sur la paroisse de Jans et traditions
sur les deux saints Patrons;*

4° Deux légendes : (a) *Une descente aux Enfers;* (b) *Le
Château hanté;*

5° Des études géologiques et minéralogiques.

Mais en se montrant érudit et lettré, il n'oubliait jamais qu'il était prêtre; les fonctions du ministère sacerdotal lui étaient chères. Il aimait à semer fréquemment la parole évangélique dans le champ du Père de famille. Il nous laisse d'innombrables sermons sur des sujets aussi intéressants que variés. Nous ne pouvons énumérer toutes les chaires où il monta pour répondre à l'invitation de ses confrères. Sa facilité d'élocution et la sérieuse préparation qu'il apportait à ses moindres discours ne nous permettent-elles pas de comprendre quels fruits de grâce sa parole dut répandre dans les âmes de ses auditeurs?

Chaque année particulièrement, il présidait à Nazareth la cérémonie des *Petits Agneaux*. Au temps de Noël, les Dames de Chavagnes, à Châteaubriant, ont coutume de réunir dans leur chapelle leurs petites filles de sept ans et au-dessous. Chacune apporte un gentil petit mouton dont le cou est entouré d'une longue *faveur*. Toutes ces faveurs réunies en faisceau sont mises dans la main de l'Enfant-Jésus. Mais, lorsqu'une petite fille vient à désobéir ou à commettre quelque autre faute, aussitôt la faveur qui attache son petit mouton est retirée de la main du divin Enfant. Quelquefois même, lorsque la faute a été plus grave, le petit mouton est séparé du troupeau. C'est alors un gros chagrin pour la coupable. Aussi le regret suit-il ordinairement de près la faute, et le petit mouton, image de la jeune repentante, rentre en grâce avec le troupeau et son divin berger.

A l'occasion de cette cérémonie des petits agneaux, M. Goudé ne manquait jamais d'adresser la parole à son jeune auditoire. Il avait, à l'exemple du Sauveur, des prédilections pour l'enfance. Il savait d'ailleurs si bien prendre le ton d'une aimable simplicité! Avec quelle attention l'écoutaient toutes ces enfants, surtout lorsqu'il leur racontait quelque histoire intéressante et pieuse!

Mais les meilleurs moments de sa vie de prêtre étaient encore ceux qu'il passait avec ses anciens professeurs et ses anciens élèves. Au mois de novembre 1875, il voulut, au jour de sa fête, réunir à sa table tous les prêtres de Châteaubriant et des environs qui avaient commencé leur éducation à Sainte-Marie. Quatorze d'entre eux purent répondre à son appel. Auprès du bon supérieur avait pris place le *cher petit père* Averty, un de ses professeurs les plus aimés. On parla beaucoup du temps passé. Quelle joie c'était pour M. Goudé de rappeler des jours de bonheur trop tôt écoulés, au gré de ses désirs : les promenades, les excursions, les fêtes de famille, les cérémonies religieuses, et principalement les réunions de la congrégation de la sainte Vierge !

« Le collège Sainte-Marie, leur disait-il, m'est toujours cher. Je ne puis en parler sans émotion. Quand je passe au pied de ses murs et que je franchis le seuil d'une maison qui réveille en mon âme tant de souvenirs, oh ! comme je sens battre mon cœur ! Il m'est impossible de me regarder comme un étranger ou comme le premier venu dans ces murs que j'ai bâtis. — Je n'avais qu'une ambition, c'était d'y vivre et d'y mourir. La Providence cependant en a décidé autrement. Je me soumets sans murmure à ses arrêts ; mais je porterai toujours au cœur une blessure que rien ne peut plus guérir ici-bas ! »

Les anciens professeurs et les anciens élèves de M. Goudé n'oubliaient pas non plus Sainte-

Marie et son vénéré supérieur. « Ma pauvre tête
« est bien malade, lui écrivait l'un d'eux ; mais
« le cœur bat toujours au souvenir de Château-
« briant. » — « Je me rappelle toujours avec
« bonheur, disait un autre, les quelques années
« que j'ai passées auprès de vous. Puissé-je trou-
« ver ailleurs des années aussi heureuses ! » —
« J'ai connu ce bon et saint prêtre très intimement
« pendant quatorze années de ma vie, nous écri-
« vait un autre de ses collaborateurs. Pendant
« quatorze ans, j'ai partagé ses joies et ses peines
« et j'ai joui de toute sa confiance. Toujours il
« eut pour moi une bienveillance sans pareille.
« J'ai trouvé en lui un homme d'une délicatesse
« exquise, un cœur bon et dévoué. »

Nous sommes heureux de reproduire ces paroles. Elles expriment en effet le sentiment commun et l'universelle estime qu'eurent pour
M. Goudé tous les professeurs qui le connurent.

On peut comprendre maintenant l'affection mutuelle de M. Goudé et de ceux qu'il avait formés.
Nous avons sous les yeux presque toutes les
lettres que lui adressèrent ses anciens élèves.
Elles sont si nombreuses qu'elles suffiraient, sans

doute, pour nous faire retrouver les noms de tous les enfants que le toit de Sainte-Marie abrita. De longues années après avoir quitté le collège de Châteaubriant pour aller terminer leurs études à Combrée, à Redon, à Rennes, à Laval, à Nantes... les élèves de M. Goudé aimaient toujours à revoir leur ancien maître ou à correspondre avec lui.

En voici quelques exemples. Dans une lettre collective, adressée par une classe tout entière, nous lisons ce qui suit :

« Un contemporain de saint François de Sales
« disait avec admiration : Il faut que Dieu soit
« bien bon puisque son ministre, celui qui le
« représente, est doué de tant de bonté! Nous
« aussi, bien-aimé Supérieur, nous pouvons vous
« appliquer cette parole et vous dire avec la sin-
« cérité de notre jeune âge : Dieu est bon puis-
« qu'il nous a donné en notre Supérieur un père
« si bon et si affectueux. »

— « Je voudrais vous envoyer mon cœur,
« lisons-nous dans une autre lettre. Permettez-
« moi de vous dire avec le poète :

« Quid tibi, quid tali reddam pro *munere* dona!

« Les premières émotions, nous disiez-vous

« autrefois, sont les plus durables. Oui, Mon-
« sieur le Supérieur, vous aviez bien raison ; votre
« souvenir s'est à jamais imprimé dans mon
« âme. »

M. Goudé avait toujours pour de telles lettres
des réponses pleines d'une paternelle tendresse.
Il aimait tant à rencontrer sur sa route le sentiment de la reconnaissance ! Il ne pouvait pas concevoir l'ingratitude et l'oubli, surtout lorsqu'ils
partent des enfants pour atteindre le cœur d'un père.

« Vous n'avez point oublié la Saint-Charles,
« répondait l'ancien supérieur à l'un de ses élèves
« qu'il aida bien des fois de ses conseils et de sa
« bourse [1]. Votre bon cœur n'a point voulu laisser
« passer sous silence cet anniversaire qui, pendant
« vingt-trois années, m'a procuré tant de jouis-
« sances. Dieu soit béni de vous avoir inspiré ce
« bon sentiment qui s'éteint, hélas, si vite en
« tant de cœurs !

« Travaillez, mon cher enfant, non pas exclu-
« sivement pour obtenir le parchemin universi-

____

[1] Celui dont nous citons la lettre n'est pas le seul qui
éprouva les libéralités de M. Goudé. Souvent, en effet, le
bon supérieur contribua à payer la pension de ceux de ses
anciens élèves qui se trouvaient dans le besoin.

« taire; mais surtout pour faire dans la sainte
« Église le plus de bien que vous pourrez. L'im-
« portant pour vous est que vous acquériez une
« piété solide fondée sur l'humilité, le renonce-
« ment à votre volonté et sur l'amour de Jésus et
« de Marie. Tout est là pour celui qui veut de-
« venir un bon prêtre.

« Demandez pour moi à Dieu la grâce d'une
« sainte vie et d'une bonne mort Si vous m'ob-
« tenez ces deux grâces, je vous promets au ciel
« un billet de satisfaction du premier degré.
« Adieu, mon cher enfant; vous savez combien
« je vous aime! Je vous embrasse bien affectueu-
« sement. »

Quand arrivait pour ses anciens élèves l'heure
de prendre part aux ordinations, M Goudé aimait
encore à leur donner des conseils et des encouragements. « Ne m'oubliez point, écrivait-il à l'un
« d'eux, le 6 novembre 1878, quand vous serez
« aux pieds de Celui au service duquel vous allez
« vous consacrer irrévocablement dans cette bien-
« heureuse ordination du sous-diaconat. Vous
« allez perdre la vie de ce monde pour revêtir la
« vie de Jésus-Christ, cette vie qu'il vous sera

« donné un jour de répandre dans les âmes.
« Allez donc, plein de joie, vous offrir corps et
« âme au sacrifice, sous les auspices de la reine
« du ciel, cette bonne Mère que vous avez tou-
« jours aimée et servie dans les jours de votre
« jeunesse. »

Puis, quelques jours après l'ordination, « Je
« vous félicite, mon cher enfant, écrivait-il de
« nouveau, de la grâce que vous avez reçue dans
« votre élévation au sous-diaconat. La voie de ce
« monde vous est fermée, mais le chemin du ciel
« vous est ouvert. L'Église est devenue votre
« maison. Soyez le bien-venu dans la tribu mili-
« tante du Christ et combattez avec nous le bon
« combat jusqu'à la fin.

« Ce que je vous recommande entre toutes choses,
« mon cher enfant, c'est de vous souvenir de moi
« lorsque je ne serai plus ; c'est de me recom-
« mander aux cœurs de Jésus et de sa très sainte
« Mère, lorsqu'il vous sera donné d'immoler la
« victime propitiatoire, et de prendre entre vos
« mains le calice du salut.

« Je vous embrasse bien affectueusement et
« vous souhaite, avec la sainteté, tout ce qu'il

« vous faut pour être un prêtre selon le cœur de
« Dieu. »

M. Goudé eut le bonheur de voir plusieurs des
jeunes gens qu'il avait formés partir pour les
missions étrangères ; entre autres le P. Chopin,
de la congrégation du Saint-Esprit et du Saint-
Cœur-de-Marie, et le P. Barrat, du séminaire des
missions étrangères [1].

Arrivé dans les premiers jours de mai 1879 à
Mahébourg (Vieux-Grand-Port), dans l'île Maurice, le P. Chopin écrivait à son ancien supérieur
des lettres toutes brûlantes du zèle de la gloire de
Dieu et du salut des âmes. « Priez Notre-Sei-
« gneur, disait-il, de me sacrifier à sa gloire. Ah !
« la prière ! »

> Quand on se rencontre et qu'on s'aime,
> Que peut-on échanger de mieux
> Que la prière, don suprême,
> Or pur qu'on reçoit même aux cieux.

Dans une autre lettre, le P. Chopin fait la description d'un oiseau sacré du pays qu'on appelle
la *Veuve noire*. « C'est, lui dit-il, un oiseau de

---

[1] Le P. Chopin est né au Grand-Auverné, et le P. Barrat
à Rougé.

« la grosseur d'un merle. Il a le don de retenir,
« pour les reproduire très fidèlement, tous les
« sons qu'il entend. A l'époque d'une grande
« famine, alors que les cases retentissaient de gé-
« missements et de sanglots, la pauvre *Veuve*
« *noire* répétait à tous les échos les cris de déses-
« poir qu'elle entendait de toutes parts. Les Mal-
« gaches, touchés de compassion, la déclarèrent
« inviolable.

« Charmant oiseau, ajoute le narrateur, viens
« souvent entendre la voix du missionnaire, puis
« tu iras redire aux habitants des montagnes, aux
« habitants des vallées, à ceux qui ne connaî-
« traient pas la voie du ciel ou à ceux qui s'en
« seraient écartés, les noms mille fois bénis de
« Jésus, notre Sauveur, et de Marie, sa très
« sainte Mère!

« Que le bon Dieu accomplisse sur moi les des-
« seins de sa volonté! S'il veut me retirer de ce
« monde, *fiat!* S'il me choisit pour son instru-
« ment et me permet de lui gagner des âmes,
« *non recuso laborem!* Puissions-nous cependant
« nous embrasser encore une fois avant l'éter-
« nelle joie du ciel! »

Ce dernier vœu ne devait pas être exaucé. Le 29 janvier 1880, une dernière lettre arrivait de Mahébourg. Le P. Chopin envoyait à M. Goudé une caisse remplie d'échantillons de tous les bois de l'île Maurice, avec le catalogue des noms de ces bois. « La victime, lui disait-il, s'avance déjà « meurtrie par la maladie. Puisse-t-elle, lors- « qu'elle tombera, tomber en suivant toujours le « chemin de l'autel! »

La victime, en effet, ne devait pas tarder à tomber aux pieds de l'autel du sacrifice. Chargé de prêcher le Carême à Mahébourg, le P. Chopin expirait, victime de son zèle, le 28 mars, jour même de Pâques, et partait pour le ciel recevoir la récompense plus encore de ses désirs que de ses travaux.

Le P. Barrat, lui aussi, eut de fréquents rapports avec son ancien supérieur. Ses lettres sont bien dignes de figurer auprès de celles que nous venons de lire.

« Je soupire, — écrivait-il à M. Goudé, du « séminaire des missions étrangères, le 15 mars « 1878, — je soupire après l'heureux moment où, « prenant mon essor, je pourrai m'envoler vers

« l'extrême Orient. Je brûle de plus en plus du
« feu sacré de la charité pour ces pauvres âmes
« des païens. »

Puis, après son départ pour Saïgon et Lang-
Song, « Ah! qu'il m'en a couté, écrivait-il,
« lorsque, embrassant ma pauvre mère pour la
« dernière fois, je l'ai laissée à la garde de Dieu
« et de notre bon curé!... Adieu, Monsieur le
« Supérieur! Il est probable que désormais il ne
« nous sera plus donné de nous revoir qu'au
« ciel. »

Ces témoignages d'affection et plus encore les
sentiments d'héroïque dévouement pour l'Église
et pour le salut des âmes étaient la plus belle récompense que pût ambitionner M. Goudé. Ne
cueillait-il pas, en effet, les doux fruits de son
laborieux travail? L'ancien supérieur aimait à
parler de ses missionnaires, et savait intéresser
en leur faveur bien des âmes généreuses. Il était
fier de sentir battre, à côté de son cœur, ces
cœurs généreux dans lesquels il avait allumé le
feu sacré de l'apostolat; ces cœurs qu'il avait
préparés à recevoir, peut-être, la glorieuse couronne du martyre.

CHAPITRE III

Dernières années de M. Goudé. — M. l'abbé Laborde est promu à l'Épiscopat et devient Évêque de Blois. — Mort de M. Goudé. — Ses funérailles. — Son testament.

Avant de quitter cette terre où il avait tant souffert au physique et au moral, M. Goudé devait avoir de biens grandes consolations. La Providence, semble-t-il, avait supendu pour quelque temps le cours de ses adversités. Un instant même, la joie allait rayonner sur le front blanchi du vénéré supérieur.

Le nom béni de Guérande était venu frapper l'oreille de M. Goudé. On avait projeté la restauration de la chapelle et les anciens élèves avaient été invités à contribuer à cette œuvre.

L'appel fut entendu et M. Goudé n'arriva pas le dernier, si nous en jugeons par une lettre de M. l'abbé Blois, alors supérieur de la maison. « Je m'étais fait une loi, lui écrivait ce dernier, « le 8 février 1876, d'attendre pour remercier

« tous à la fois ceux qui ont voulu contribuer à
« la restauration de la chapelle du petit séminaire
« de Guérande; mais vous méritez bien, par votre
« zèle plus généreux et plus dévoué, que je fasse
« une exception en votre faveur. »

Puis, en 1877, lorsqu'eut lieu la bénédiction
de la chapelle, M. Goudé y vint avec bonheur. Il
ne pouvait se lasser de revoir cette maison où il
avait passé quatre des plus belles années de sa
jeunesse. Pendant le dîner qui suivit la cérémonie
furent jetées les bases de l'*Association des anciens maîtres et élèves.* Cette association avait
pour but de créer, au moyen de souscriptions an-
nuelles, des ressources en faveur des séminaristes
pauvres. M. Goudé adhéra vivement à cette proposition ; n'était-elle pas la réalisation de ses
idées, du vœu de toute sa vie[1]? Il prit la parole
et fut bien inspiré lorsqu'il proposa à tous ces
hommes, enfants d'une même maison, venus de
tous côtés et assis ensemble à des agapes frater-
nelles, de demeurer unis dans les liens de la charité chrétienne. Il termina en portant un toast à
la prospérité de Guérande.

[1] On pourra s'en convaincre en lisant l'Appendice.

La même année, M. Goudé reçut l'invitation de souscrire pour l'achèvement de l'église cathédrale. « Le but que poursuit notre vénérable « Évêque, répondait-il à M. le chanoine Allard, « doyen du Chapitre, est trop conforme à mes « sentiments pour que je ne m'efforce pas de ré- « pondre à son invitation, dans la mesure non de « mes désirs, mais de mes ressources financières. « La cathédrale me rappelle tous les bienfaits de « Dieu dans l'ordre spirituel, depuis mon bap- « tême jusqu'à mon entrée dans le Chapitre..... »

Quelques mois plus tard, l'*Espérance du Peuple*, dans son numéro du 13 juin, venait annoncer à M. Goudé que le diocèse de Nantes avait perdu son Évêque. « C'est à Rome, y lisait-on, au centre de la catholicité, muni des bénédictions du Saint-Père, que Mgr Fournier a rendu son âme à Dieu. »

Dans cette circonstance, M. Goudé se fit un devoir de prendre le chemin de Nantes, et de se joindre au corps des chanoines dont il était membre, pour rendre à son Évêque les derniers honneurs.

Cependant, disions-nous, de grandes consolations et de grandes joies étaient réservées à M. Goudé avant de quitter la terre. M. l'abbé Laborde était promu, en 1877, à l'honneur de l'Épiscopat. Il quittait Saint-Similien, dont il était curé depuis six ans à peine, pour aller occuper le siège de Blois. Tous les désirs de M. Goudé et toutes les prédictions de M. de Tréméac, prédictions vieilles de trente ans déjà, venaient de recevoir leur accomplissement.

Ne semble-t-il pas, en effet, que la Providence marque ostensiblement, dès leur jeunesse, ceux qu'elle destine à devenir les Pasteurs, par excellence, des âmes ; ceux à qui elle imposera le soin de paître non seulement les agneaux, mais encore les brebis ?

Ah ! ce fut un heureux moment pour M. Goudé que celui où il put s'agenouiller aux pieds de son ami, le front encore humide de l'onction des Pontifes, pour recevoir sa bénédiction, cette bénédiction qui porte toujours avec elle l'abondance et la fécondité de la vie !

L'ancien supérieur se releva le cœur soulagé. Les meurtrissures du passé se cicatrisèrent pour quelque temps, et il vit renaître dans son âme,

avec l'espérance, les joyeux souvenirs de Guérande et de la Philosophie. Il oublia, pendant
quelques heures de sa vie, vingt-neuf années de
soucis et de chagrins pour ne penser qu'à l'insigne honneur accordé à son ami, pour en prendre
sa part, pour jouir pleinement du ciel sans nuage
et de la splendeur d'un beau jour.

Nous savons quels étaient les sentiments du
nouvel Évêque pour M. Goudé. Autrefois, il l'a-
vait choisi pour son Mentor; depuis trente ans,
il l'aimait d'un « amour fraternel ». M. Goudé
allait-il quitter Châteaubriant pour devenir l'hôte
de Mgr de Blois? Allait-il demander à un autre
ciel plus hospitalier la tranquillité et l'oubli dont
il avait encore besoin? Non, l'arbre avait poussé
de trop profondes racines dans le sol de Châteaubriant; il ne pouvait plus être transplanté. L'ambition, d'ailleurs, n'avait jamais eu le moindre
accès dans le cœur du saint prêtre. Désormais il
vivait sur la terre comme le prisonnier qui soupire
ardemment après l'instant heureux où seront bri-
sées ses chaînes, où finira sa captivité.

M. Goudé comptait encore parmi les heures
bénies de sa vie celles qu'il passait aux Tuffeaux,

chez M. Jannin [1]. M. l'abbé Jannin, après avoir été successivement professeur au collège de Mongazon, puis vicaire à Saint-Rémy, son pays natal, devenait, en 1861, curé des Tuffeaux. Les deux amis se revirent pour la dernière fois aux vacances de l'année 1880. Un soir qu'ils descendaient ensemble les gracieux coteaux qui avoisinent la Loire, ils furent témoins d'un spectacle grandiose : c'était un magnifique coucher de soleil dont les rayons de pourpre s'éteignaient à l'horizon. M. Goudé, qui avait l'âme si bien douée pour goûter toutes les beautés de la création, fut saisi d'enthousiasme. Peu à peu il en vint à célébrer la miséricorde de Dieu. « Jamais, nous dit M. Jannin, il ne s'était élevé plus haut. J'étais aussi ravi qu'édifié de l'entendre parler avec tant d'émotion de la Providence de Dieu, et surtout de son infinie miséricorde à l'égard des pécheurs. »

Cependant au sein du repos et au milieu d'une existence plus calme et plus retirée, la santé de M. Goudé était loin de s'améliorer. Une laryngite chronique l'obligea d'aller cinq ou six fois de-

[1] Les Tuffeaux, de l'arrondissement de Saumur (Maine-et-Loire).

mander du soulagement aux eaux de Vichy. Au retour d'un de ses voyages aux eaux thermales, le 17 septembre 1877, il écrivait : « Je retourne « à Châteaubriant avec grande joie et grande « reconnaissance pour Dieu qui m'a gardé de tous « dangers et me donne une santé meilleure que je « ne mérite, puisque j'ai si peu travaillé pour sa « gloire. Il fera de moi ce qu'il voudra ; rien du « tout, si cela lui plaît. Je ne lui demande que la « grâce de bien vivre et de bien mourir. A me- « sure que les années s'accumulent sur notre tête « et que nous approchons de l'éternité, il faut « nous détacher des choses d'ici-bas. Plus on « vieillit, plus le vide se fait autour de nous, plus « le cercle de la vie se rétrécit... »

En janvier 1881, une fièvre muqueuse obligea M. Goudé à garder la chambre pendant un mois et le priva d'assister à la bénédiction de l'église de Châteaubriant. Il aurait pourtant aimé à accom-pagner son Évêque et à féliciter son nouveau confrère, M. l'abbé Mahé, de l'honneur que Sa Grandeur venait de lui accorder, en le nommant chanoine honoraire !

A partir de cette époque, M. Goudé devint de

jour en jour plus souffrant. Une terrible maladie dont il ressentait plus fréquemment les atteintes, s'ajouta à d'autres affections anciennes, et prit en peu de temps des proportions alarmantes. Il fut bientôt obligé de partir pour Nantes, afin de consulter un médecin qui connaissait depuis quelque mois son état.

Le savant docteur décida en principe qu'une opération très grave était nécessaire, et que cette opération se ferait à Paris. M. Goudé revint à Châteaubriant tout attristé. Il arriva pour recueillir le dernier soupir de Madame la supérieure du pensionnat de Nazareth, de ce pensionnat dont il était aumônier depuis dix années.

Dès lors, il ne pensa plus qu'à se préparer au départ. Il régla ses affaires spirituelles et temporelles et parla en toutes occasions du grand voyage qu'il disait, avec un sourire mélancolique, devoir être le voyage pour l'éternité !

Avant de quitter Châteaubriant, M. Goudé fit ses adieux à tous ses amis [1]. Et comme on lui

---

[1] Sa dernière visite fut pour Mme la supérieure de l'Hospice, la Mère Rouault de la Vigne qui, à l'âge de soixante-seize ans, a été enlevée le 14 novembre 1881, à l'affection

reprochait ce mot d'*Adieu* : « Qui sait, disait-il,
si nous nous reverrons ici-bas! »

Il partit pour Paris le 28 juillet, et l'opération
fut fixée au 6 août. Avant de la subir, M. Goudé
voulut revoir Mgr Richard qui l'honorait de tant
d'affection et de tant d'estime. Sa Grandeur le reçut
avec joie, lui prodigua les encouragements dont
il avait si grand besoin et lui remit une magnifique gravure qui contenait cette pensée de saint
François de Sales. « Je ne désire que Dieu, et le
Dieu que je désire est tout à moi. Tout ce qui
n'est pas Dieu ne m'est rien, et qu'y a-t-il au
ciel ou sur la terre à quoi je tienne sinon à Dieu
seul et à son bon plaisir. »

Puis, au verso de l'inscription, Monseigneur
écrivit ces mots : « *Dilectissimo in X^{to} D^{no} Ca-
rolo Goudé, canonico Nannetensi, in pignus
veteris amicitiæ, Parisiis renovatæ.*

« † FRANCISCUS,
« Arch. Larissens [1]. »

de tous ceux qui la connaissaient. Il n'était pas possible de
connaître cette sainte religieuse sans l'estimer.

[1] « A mon très cher ami en Jésus-Christ, M. Charles
Goudé, chanoine de Nantes. Témoignage de notre vieille
amitié, renouvelée à Paris.

« † FRANÇOIS,
« Archevêque de Larisse. »

Jusqu'au 6 août, M. Goudé put offrir chaque matin le saint sacrifice de la Messe. Enfin eut lieu l'opération si redoutée, et dans cette journée les prières de ses amis ne lui firent pas défaut. Le succès en fut complet; lui-même l'apprit dans une lettre qui ressemble fort à un télégramme. « Hier, « écrivait-il, opération très heureusement réussie. « — Pas un moment de souffrance. — Merveil- « leux. — Encore trois ou quatre jours pénibles, « et puis après la santé. — Mille actions de « grâces à Marie, à sainte Anne, et à tant de « bons cœurs qui ont prié. — Transmettez, « s. v. p., ces bonnes nouvelles à tous mes amis, « surtout à l'Hospice. »

Quelques jours plus tard, il écrivit à la bonne Mère de Lavigne la lettre suivante :

« Madame la Supérieure,

« Gloire à Dieu, reconnaissance à Notre-Dame-« de-Bonne-Délivrance et à la bonne Mère sainte « Anne, que je veux aller remercier le plus tôt « possible.

« Je suis guéri. Je ne vous dis pas que je suis « mieux, mais que je suis guéri. Le docteur s'est

« prononcé ce matin et vous êtes la première per-
« sonne à laquelle j'annonce cette bonne nouvelle.
« Je vous le dois bien, à cause de l'intérêt si reli-
« gieux et si vrai que vous m'avez toujours
« témoigné.

« Je suis allé à Saint-Thomas ces jours-ci;
« j'ai été parfaitement accueilli par vos Mères,
« qui ont été très bonnes pour moi pendant ma
« maladie. J'ai dit la sainte Messe à l'autel de
« Notre-Dame-de-Bonne-Délivrance; c'est encore
« à vous que je dois cette faveur. »

M. Goudé ne put dire la sainte Messe que deux
fois pendant le mois d'août : le jour de l'Assomp-
tion et le 28, veille de son départ. En quittant
Paris il devait se rendre à Blois, lorsqu'une lettre
lui annonça que Mgr Laborde était en retraite.
M. Goudé prit alors la route du Martreil et se
rendit au château de M. et Mme de la Lande, espérant y trouver le repos dont il avait si grand
besoin pour achever sa guérison. Il y arriva le
lundi au soir, 29 août. Pendant les trois jours
qu'il y séjourna, il était si faible qu'il ne put célébrer la sainte Messe.

Le mardi, lendemain de son arrivée, il se sentit fatigué dans l'après-midi; la nuit qui suivit ce jour ne fut pas bonne; la journée de mercredi fut meilleure. Il se leva d'assez bonne heure, déjeuna et dîna avec toute la famille. La nuit du mercredi et la matinée du jeudi se passèrent sans souffrances; M. Goudé était gai; il croyait entrevoir son complet rétablissement.

Vers midi il fut pris de crampes d'estomac que rien ne put calmer. Cependant il resta au salon, récita pieusement son bréviaire et son chapelet, s'entretint quelques instants avec ses amis, et se retira à dix heures du soir pour tâcher de trouver un peu de repos. A onze heures, une personne de la maison vint prendre de ses nouvelles. Il était assis dans son lit; le mal ne lui laissait pas un instant de répit. « Je souffre toujours beaucoup, dit-il, je crois même que mes douleurs vont en augmentant; mais ne vous inquiétez pas, ce ne sera rien. »

Le lendemain, jeudi 1ᵉʳ septembre, après avoir frappé plusieurs fois à sa porte sans obtenir de réponse, on entra avec précaution. Un demi-jour éclairait l'appartement. M. Goudé était étendu dans son lit et semblait jouir paisiblement d'un sommeil réparateur. Cependant en avançant plus près de sa couche, on n'entendait pas le plus léger souffle. On pressentit vaguement un malheur.

On s'approcha davantage; M. Goudé restait immobile; on lui posa la main sur le front; le front était glacé. On voulut le soulever un peu, mais son corps avait déjà toute la rigidité d'un cadavre.

Il était mort !

Ses yeux étaient fermés et *ses deux mains jointes sur sa poitrine*, à la hauteur du christ qu'il portait sous ses vêtements.

La mort avait donc été foudroyante; mais elle avait frappé M. Goudé dans l'attitude où il voulait qu'elle le trouvât. N'avait-il pas écrit, en effet, dans les résolutions prises le jour de sa première communion : « *Je m'endormirai les mains jointes* sur la poitrine. » Et il s'était endormi ainsi, même dans le sommeil de la mort !

De plus, M. Goudé avait succombé sur le sol de l'Anjou, sur ce sol où ses aïeux avaient pris naissance : semblable à ces oiseaux voyageurs qui reviennent, dit-on, expirer là où leur race bâtit son nid. Sa couche funèbre s'était rapprochée de son berceau.

Ce fut une grande émotion au château du Martreil, un grand trouble et une grande douleur.

Le médecin, appelé en toute hâte, arriva et déclara que la mort était certaine et qu'elle avait été occasionnée par la rupture d'un anévrisme. M. Goudé, en effet, se soignait depuis plusieurs années pour une affection au cœur. Le chloroforme employé dans la récente opération, les angoisses si violentes dont l'opération avait été précédée, avaient dû hâter le dénouement fatal.

Au Martreil, on était atterré; on ne voulait pas croire à la triste réalité.

Il fallut pourtant se résigner et rendre au défunt les derniers devoirs, devoirs de la charité et de l'amitié chrétiennes. On le revêtit des ornements sacerdotaux et on l'exposa sur son lit funèbre. Auprès de lui était un grand et beau christ. M. Goudé reposait ainsi sous la protection de son divin maître cloué sur la croix! Toute sa vie n'avait-elle pas été particulièrement conforme à celle de Jésus crucifié ; « *Tota vita Christi crux fuit et martyrium* [1]. »

Pendant la journée du samedi, plus de deux cents personnes vinrent prier auprès des restes de ce prêtre qui les avait si souvent édifiées. Chacun voulait revoir une dernière fois son visage, expression de la bonté et du calme religieux ; ce visage que la mort même n'avait point altéré.

Depuis quinze années, M. Goudé venait passer une partie de ses vacances au château du Martreil ; tout le monde le connaissait et l'aimait. Deux malades sollicitèrent la permission de toucher son corps. Il était vénéré comme un saint ; on demandait des morceaux de sa soutane ; il fallut en distribuer. Le lendemain, dimanche, lorsque le corps fut porté à l'église de Sainte-Christine, chacun s'agenouillait sur le passage du convoi funèbre.

Aussitôt après avoir fait constater la mort de M. Goudé, Mme de la Lande écrivit à Mgr l'Évêque de Nantes pour lui annoncer la triste nouvelle. Mgr Laborde, Mgr Richard et M. Jannin reçurent en même temps des lettres d'avis du décès.

[1] De Imit., xii, 7.

« Je viens d'apprendre, répondit Mᵍʳ de Blois,
« la douloureuse nouvelle à laquelle j'étais loin
« de m'attendre. Notre excellent ami n'est donc
« plus ! Notre bcn M. Goudé a été tout à coup
« ravi à notre affection !

« Je n'essaierai pas, Madame, de vous expri-
« mer ce que mon pauvre cœur éprouve. C'est
« un déchirement, comme si j'apprenais la mort
« de mon frère. Nous nous aimions tant, et
« cette amitié qui remonte aux jours de notre en-
« fance m'était si douce !

« Il ne nous reste plus qu'à prier pour ce cher
« ami. Je n'y manquerai pas, et pendant toute
« cette semaine je célébrerai la sainte messe à son
« intention.

« Je sais, Madame, les regrets que vous lais-
« sera cette mort si subite et si imprévue. Veuillez
« croire que je prends une part spéciale à votre
« peine.

« Veuillez agréer aussi, je vous prie, l'assu-
« rance de tout mon respect.

« † CHARLES,

« Évêque de Blois. »

Quelques jours plus tard, Mgr l'archevêque de Larisse répondait à son tour : « Lorsque je vis « le cher abbé Goudé à Paris, je ne m'attendais « pas qu'il dût nous être sitôt enlevé ; mais le bon « prêtre avait achevé de se préparer à l'éternité, « pendant ses dernières souffrances. Nous pou- « vons dire de lui : *Beati mortui qui in Domino* « *moriuntur*.

« La Providence, en le conduisant auprès de « ses amis, a voulu lui ménager encore une fois, « à la fin de sa vie, les consolations d'une amitié « chrétienne. »

« Si quelque chose pouvait adoucir le coup qui « m'a frappé, écrivait M. Jannin, en apprenant « la mort inattendue de notre vieil et commun « ami ; c'est la pensée qu'il nous attend au ciel « où il est allé recevoir la récompense de ses « belles vertus. La mort qui l'a frappé ne l'a « point surpris. Il m'écrivait de Paris : « Je ne me « fais point illusion sur ma position ; mais sois « sans inquiétudes, j'ai pris toutes mes précau- « tions spirituelles et temporelles et je m'aban- « donne entièrement entre les mains du bon « Dieu. »

Le cercueil de M. Goudé arriva à Châteaubriant le dimanche soir, quatrième jour du mois de septembre. Le lendemain eurent lieu ses obsèques dans l'église Saint-Nicolas, sa paroisse, au milieu du nombreux concours de ses amis. La messe fut célébrée par M. l'abbé Tessier, supérieur du collège de Châteaubriant; M. l'abbé Saintfort et M. l'abbé Pinon remplirent l'office de diacre et de sous-diacre. Il était ainsi réservé à trois de ses anciens élèves de Sainte-Marie de répandre sur les restes de leur vénéré supérieur les dernières bénédictions et les dernières prières de l'Église [1].

Avant d'entreprendre ce voyage de Paris qu'il redoutait tant et duquel il ne devait pas revenir, M. Goudé « avait pris toutes ses précautions spirituelles et temporelles. » Il avait choisi pour son exécuteur testamentaire, un prêtre qu'il estimait et qu'il affectionnait beaucoup, M. l'abbé Dautais, curé de Béré.

---

[1] Le *Petit Messager des Missions, écho des Missionnaires nantais,* cette fleur éclose depuis trois années à peine, a donné un article nécrologique sur M. Goudé. « C'est un hommage de la vive reconnaissance d'un élève de l'ancien supérieur. » Il est écrit avec cœur et fait bien ressortir l'affection de M. Goudé pour ses chers missionnaires.

Sur le point de fermer les pages que nous avons consacrées à la mémoire de notre ancien maître, de notre cher supérieur, nous voulons encore reproduire les lignes si pleines de foi qu'il a écrites en tête de son testament :

« En présence de l'adorable Trinité dont j'adore la grandeur, dont je bénis les bienfaits, dont je redoute la justice et dont j'implore la miséricorde; en présence de la bienheureuse vierge Marie, mère immaculée de mon Rédempteur, que j'ai toujours aimée et cherché à faire aimer sur la terre; en présence des saints Anges gardiens et protecteurs de mon âme, je me dépouille volontiers des biens que la Providence m'avait donnés, et je désire infiniment qu'ils servent à la gloire de Dieu et au salut de mon âme..... »

Puis, dans les legs qu'il fit, il destina 2,000 fr. aux pauvres, et 1,000 fr. à la Salle d'Asile; il donna à la ville une partie de sa bibliothèque, son musée avec 1,000 fr., si l'installation avait occasionné quelques dettes.

Enfin, il voulut que son corps fût déposé au

pied de la croix du cimetière et que sa pierre tumulaire portât la simple épitaphe qui suit :

HIC REQUIESCIT IN SPEM RESURRECTIONIS

C. GOUDÉ

PRESBYTER ET CANONICUS ECCLESIÆ NANNETENSIS

VIR AMATOR CIVITATIS [1].

(*Mach.* ii, 37.)

Les dernières volontés du cher défunt ont été religieusement accomplies. M. Goudé dort de son dernier sommeil à Béré, dans cet asile de paix où il avait désiré reposer.

Au seuil de ce tombeau sont venus expirer les flots d'amertume dont sa vie avait été abreuvée. Sa dépouille mortelle a enfin trouvé le calme, et son âme a passé des souffrances de cette misérable vie aux joies et à la félicité du ciel. Ses restes attendent la résurrection à l'ombre de la croix. Tout auprès, est la tombe des religieuses dont il fut le directeur pendant tant d'années ; à

---

[1] Ici repose, dans l'attente de la résurrection, Charles Goudé, prêtre et chanoine de l'église de Nantes. Il aimait la cité.

quelques pas est celle du fondateur de Sainte-Marie. Et, comme un souvenir indestructible de son éternel amour pour la cité de Châteaubriant, sur sa pierre tumulaire sera gravée cette belle parole des saints livres :

VIR AMATOR CIVITATIS!!!

APPENDICE

**Ce que pensait M. Goudé des petits collèges
ecclésiastiques.**

Au chapitre VII, nous avons eu pour objet
principal de réhabiliter la mémoire de M. Goudé,
injustement attaquée. Nous avons essayé de fournir une démonstration complète, et d'appuyer nos
affirmations d'un grand nombre de documents.
Nous n'avons donc pas craint la surabondance
des preuves. Nous pensions que les preuves ne
seraient jamais trop multipliées.

Une preuve de plus, preuve indirecte, mais
convaincante, se rencontre dans un chapitre des
Mémoires de M. Goudé. Parcourons ce chapitre,
nous y trouverons la vraie pensée de l'ancien supérieur, sa pensée complète sur l'utilité des petits collèges. Nous verrons quelles raisons il
donne en faveur de l'existence de ces établisse-

ments secondaires et partiels ; puis, quels moyens il propose pour rendre moins coûteux l'entretien de ces établissements. Le lecteur qui nous suivra, ne pourra manquer de conclure avec nous que M. Goudé sentait l'utilité, bien plus, la nécessité au premier chef des petits collèges qui sont, suivant sa parole, « autant de canaux destinés à conduire les vocations sacerdotales au grand fleuve de l'Église-Mère. »

Ces pages que nous voulons relire seront, nous l'espérons du moins, un nouveau témoignage, une preuve absolument concluante de « l'amour *indestructible* » que le vénéré supérieur avait voué à sa chère maison.

Mais qu'on ne se méprenne pas sur notre pensée. Nous ne songeons pas le moins du monde à nous ériger en critique. Nous reproduisons simplement les opinions de M. Goudé, sans nous croire le droit de les discuter d'aucune façon

M. Goudé rappelle d'abord que d'après une opinion assez répandue aujourd'hui, il vaudrait mieux supprimer les petits collèges ecclésiastiques et avoir seulement deux ou trois grands établissements. Ce serait, dit-on, une grande économie d’argent et une grande économie de personnel.

M. Goudé ne partage pas du tout cette opinion. Voici à quels points de vue il se place pour la réfuter.

I. — « N’est-ce pas une erreur de croire, dit-il, qu’après avoir détruit ces modestes maisons, providentiellement disposées dans le diocèse, comme autant de pépinières, n’est-ce pas une erreur de croire qu’on pourra d’abord et dès leur naissance amener au centre toutes les vocations qui se développaient dans ces établissements partiels?

« Pour avoir la réponse à cette question, il suffit d’examiner comment naissent la plupart des vocations sacerdotales. Après Dieu, premier moteur, qui donne à l’enfant certaines aptitudes natives, le goût et le désir des études et du ministère ecclésiastiques, c’est au clergé paroissial qu’il faut attribuer la meilleure part dans l’origine et le développement de ces vocations. L’influence du collège ne vient que longtemps après.

« Un enfant a-t-il conçu la pensée d’être prêtre ; le premier confident de son secret ne sera pas ordinairement son père ou sa mère. Celui qui le lui arrachera, ce sera l’un des prêtres de sa paroisse.

En voyant, en effet, cet enfant intelligent, sage et pieux, attentif au catéchisme et recueilli à la sainte messe, le curé ou le vicaire aura lu dans sa jeune âme les desseins de la Providence.

« Le premier, le prêtre parlera à l'enfant et celui-ci, vaincu par tant de bonté, s'expliquera timidement d'abord, puis avec un peu plus de hardiesse et enfin avec toute la franchise naturelle à son âge

« Le premier, le prêtre ira trouver les parents pour leur dire ce que leur fils n'osait leur avouer. Peu à peu il les habituera à la pensée du sacerdoce et les déterminera à faire le sacrifice que leur demandent Dieu et l'Église.

« Le premier encore, le prêtre se chargera de donner au jeune élève du sanctuaire les notions élémentaires de la langue latine. Et, lorsqu'il s'agira d'envoyer cet enfant au collège, il ne refusera pas de faire une large brèche à son modique traitement pour venir en aide à la famille, quelquefois même pour vaincre sa parcimonie.

« Enfin, c'est le prêtre qui fera toutes les démarches nécessaires auprès des supérieurs ; leur recommandera le sujet qu'il a trouvé, leur fera connaître sa famille etc....., et résoudra toutes les questions de détail qui doivent, par leur bonne solution, assurer à son protégé l'entrée au séminaire.

« Il est manifeste que d'ordinaire l'enfant ne se déterminera pas de lui-même à entrer au collège. Il faut qu'il y soit invité : bien plus, qu'il y soit poussé. Comment, sans une impulsion assez vive, pourrait-il vaincre la timidité naturelle à son âge? Comment pourrait-il soupçonner les moyens à employer pour arriver au but qu'il se propose d'atteindre ?

« Mais ce qui entretiendra le zèle du prêtre, ce qui déterminera la volonté des parents et des enfants à la séparation mutuelle, ce sera la *proximité du collège*. Cette séparation, en effet, des parents et des enfants, séparation beaucoup plus pénible pour les uns et pour les autres chez les habitants des campagnes que chez ceux des villes, sera singulièrement adoucie par la pensée de se revoir au moins chaque semaine.

« Supprimer ces maisons secondaires, c'est supprimer du même coup l'influence qu'elles exerçaient sur le clergé paroissial d'alentour, sur les parents et sur les enfants. Le clergé paroissial, à cause de ses fréquentes relations avec le collège, s'était affectionné pour lui ; il se faisait un devoir de travailler à sa prospérité. Il aimait à y venir souvent pour s'entretenir avec des confrères et encourager les premiers efforts de l'élève qu'il y avait placé. Les parents, à leur tour, se détermineront plus difficilement à envoyer leur enfant étudier au loin. Ils se diront : la distance est trop grande et les frais de voyage trop considérables ; notre enfant est trop jeune, nous avons horreur des grandes villes où l'air est vicié et les mœurs corrompues. Toutes ces réflexions les feront beaucoup hésiter.

« Les enfants, eux-mêmes, reculeront fort devant la pensée de s'exiler à quinze ou vingt lieues de leur village, avec la perspective de quitter, pour un temps bien long, cette mère qu'ils aiment tant et qui leur rend au centuple leur amour et leurs caresses. Ensuite, leur nature un peu sauvage leur fera redouter d'être jetés au milieu de cette troupe d'enfants des villes, où ils se trouveront comme étrangers, où leur costume et la simplicité de leurs mœurs seront tournés en ridicule, où leur patience étant mise à une trop rude épreuve, ils seront finalement atteints d'une incurable nostalgie. Bienheureux si le désir ne l'emporte pas sur le devoir et s'ils ne prennent pas la clef des champs, sans mesurer les distances et sans s'inquiéter de la direction.

II. — « N'est-ce pas une erreur de croire que, par la suppression des petits collèges, on réaliserait des économies importantes au profit d'un petit séminaire trois fois plus nombreux?

« Quelle pourrait être la source des économies qu'on attend de ces suppressions? Espère-t-on par là diminuer le chiffre des subsides qu'on n'accorde, en réalité, qu'aux élèves, — et non aux maisons, — et n'avoir plus ainsi à allouer de suppléments de pensions? Pour oser l'affirmer, il faudrait bien peu connaître le milieu dans lequel se recrute le clergé. La plupart des enfants qui se présentent à nous viennent des classes modestes. Les braves et honnêtes laboureurs de nos campagnes attirent surtout les bénédictions du ciel par leur foi et la pureté de leurs mœurs. Dieu les juge dignes de donner à l'Église ses prêtres et ses religieux.

« Mais nos campagnes ne sont pas riches. En l'année 1870, j'avais 60 pensionnaires ; la moitié était laïque et la moitié ecclésiastique. La pension moyenne des premiers s'élevait à 300 francs ; celle des derniers n'allait qu'à 200. Or, veut-on savoir ce que coûte un élève pendant les neuf mois et demi qu'il passe chaque année au collège, le voici approximativement :

Dépenses pour le pain. . . . . . . 65 fr.
— pour la viande. 40
— pour éclairage, chauffage, épiceries et contributions . 95
— pour le cidre 9
— pour le traitement des professeurs, des domestiques . 70

Total. . . . 279 fr.

« Et encore dans ce calcul ne sont pas comprises beaucoup de menues dépenses. D'où je conclus, et rien n'est plus certain, qu'il est impossible de faire honneur à ses affaires, si l'on n'a des pensions d'au moins 300 francs [1].

[1] Pendant les dix premières années de mon supériorat particulièrement, les denrées alimentaires étaient dans la

« Les trente élèves qui ne payaient que 200 fr.
de pension me créaient donc chaque année un
déficit de 3,000 francs. Je les comblais avec les
2,000 ou 2,500 francs que l'évêché m'alloua pendant assez longtemps, et par le produit des aumô-
neries que dessert le collège. Mais à Nantes, la
vie est bien plus chère; les vivres y sont d'un
prix excessif et la maison ne produit rien en lé-
gumes et en fruits. Il faut donc tout acheter, et
cela le double du prix valant, à cause des droits
d'entrée vraiment exorbitants.

« Supposons que mes trente élèves ecclésiastiques soient envoyés au petit séminaire de
Nantes; qu'arrivera-t-il? En deviendra-t-il plus
florissant? Examinons.

« Chaque élève, dont souvent les pensions sont
mal payées, au lieu de 300 francs qu'il dépensait
chez nous, en coûtera, à Nantes, 400 au mini-
mum. Donc mes trente élèves n'apporteront à cet

contrée à un prix si réduit, que je pus faire, en grande
partie, les économies nécessaires pour construire le grand
bâtiment, acheter les terrains voisins et monter la maison
du matériel qui lui faisait à peu près défaut à mon entrée.
Depuis lors, tout a doublé de prix et les recettes sont
restées les mêmes. (*Extrait des Mémoires de M. Goudé.*)

établissement qu'un déficit de 5 à 6,000 francs de plus qu'auparavant. Et je ne parle que de ma maison. Le petit séminaire, pourtant, est loin d'être riche. Mgr Jaquemet m'a avoué, en 1859, que depuis cinq ans il lui coûtait 20,000 francs chaque année [1]!

III. — « Enfin, n'est-ce pas une erreur de croire que la suppresion des petits collèges ne nuira pas à la bonne formation et au bon esprit du clergé diocésain?

« Si l'on rend trop pénible et trop difficile l'abord du collège pour les enfants des campagnes, il ne faudra plus guère compter que sur ceux des villes. Or, l'expérience nous a appris que ces derniers seuls seraient en trop petit nombre pour suffire à tous les besoins de nos populations si chrétiennes. Et d'ailleurs, n'est-ce pas dans le cœur des habitants des campagnes que l'on trouve un sang vraiment pur et vraiment religieux? N'est-ce pas encore dans les populations rurales que se sont le mieux conservés l'esprit de foi, de piété et de soumission, le res-

---

[1] M. Goudé tirait cette conclusion, que le petit séminaire de Nantes devait être transféré à la campagne.

pect de l'autorité, la simplicité des goûts et des habitudes et surtout l'intégrité des mœurs?

« D'un autre côté, dans nos maisons peu nombreuses, n'est-il pas plus aisé de connaître les caractères, de les conduire et souvent de les réformer; de développer la piété dans le cœur des enfants et surtout d'aplanir les mille difficultés qui arrêtent, au début de leurs études, ces jeunes intelligences trop lentes? N'est-ce pas le petit nombre qui permettra de donner des soins particuliers à des élèves qui se rebuteraient, et se décourageraient s'ils étaient perdus dans la foule et condamnés ainsi à occuper immanquablement la dernière place dans toutes les compositions? Enfin un dernier avantage qu'ont les petits collèges sur les grands, c'est qu'on y peut mener plus facilement la vie de famille, vie si propre au développement des belles qualités du cœur.

« Après toutes ces considérations, considérations qui sont le fruit d'une patiente et laborieuse expérience, je reste convaincu que la suppression des petits collèges nous serait extrêmement nuisible. Je crois donc qu'il est du plus haut intérêt pour le recrutement religieux, et par conséquent pour l'avenir sacerdotal de notre diocèse, de chercher par tous les moyens possibles à les rendre florissants.

« Pour obtenir ce dernier résultat, il faudrait aviser à diminuer d'abord les dépenses, ensuite à créer des ressources, »

M. Goudé examine par quels moyens on parviendrait à réduire les dépenses. Il se demande si l'on ne pourrait pas diminuer le nombre des professeurs; puis si l'on ne devrait pas habituer tout le personnel, et surtout les élèves, à se contenter d'une vie très simple, sans aucune dépense superflue, sans luxe d'aucune sorte. Son idéal est le petit collège de Chauvé, tel qu'il était de son temps. L'idéal est beau assurément; mais il exige des conditions qu'on ne peut trouver partout.

M. Goudé propose un second moyen de réaliser des économies au profit de nos collèges. « Il faudrait, écrit-il, éditer nous-mêmes nos livres classiques. Le débouché en serait assuré dans nos maisons, et nous pourrions les donner à des prix infiniment au-dessous de ceux des éditeurs de Paris. Depuis quelques années on a publié partout des éditions de luxe pour les livres classiques. Ces éditions coûtent cher, et constituent une trop forte dépense pour les familles pauvres de nos élèves ecclésiastiques. A quoi bon, d'ailleurs, ces éditions de luxe dont personne ne profite, si ce n'est les libraires. Il faut bien qu'on le sache, les bénéfices que réalisent les éditeurs dépassent aujourd'hui les limites du convenable. Je vais citer des chiffres; les chiffres, eux aussi, ont leur éloquence. L'éditeur d'un ouvrage quelconque demandera 50 % net, non pas sur les bénéfices de l'auteur, mais sur le prix total de son livre. Que l'auteur, par exemple, soit obligé de vendre un volume 2 francs, l'éditeur à qui il en confiera la vente, demandera à lui seul 1 franc de bénéfice. Il en résulte que très souvent l'auteur d'un livre ne gagne absolument rien, tandis que l'éditeur s'enrichit. »

Voilà des faits incontestables et incontestés; beaucoup de nos lecteurs savent, quelques-uns même par une expérience désagréable, que ces observations sont d'une exacte vérité.

« Enfin, ajoute M. Goudé, le meilleur moyen de créer des ressources pour nos séminaires serait de provoquer en leur faveur la fondation de bourses et de demi-bourses. C'est par ce moyen que s'établirent aux XIIIe, XIVe, XVIe et XVIIe siècles, les collèges si florissants, à Paris et dans la province, qui recevaient presque gratuitement un si grand nombre d'écoliers.

« Les rois, les princes, les riches monastères tinrent à honneur de fonder quelques bourses dans ces grandes institutions. Grâce à ces généreux bienfaiteurs, les études avaient pris un essor et des développements que nous soupçonnons à peine de nos jours. Ainsi en 1304, le collège de Navarre, d'où sortirent tant d'hommes éminents, fut fondé par Jeanne de Navarre, épouse de Philippe-le-Bel. Ainsi encore s'établit le collège de Montaigu où, selon le proverbe, *l'esprit et les dents étaient également aigus.* En 1380, Aimery, évêque de la capitale, fondait dans l'université le collège de Dainville. Les faits analogues ne manqueraient pas si l'on voulait les énumérer tous.

« Je trouve dans les statistiques officielles de l'université quelques chiffres que je me permets de citer. En 1789, sur 72,747 enfants qui recevaient l'instruction dans 562 collèges, il y en avait 40,621 qui étaient élevés gratuitement. Dans ces chiffres ne sont pas comprises 3,249 bourses affectées à des destinations spéciales, ni des sommes considérables réservées aux enfants des écoles primaires. En 1842, le nombre des élèves dansl es collèges n'était que de 44,091 répartis en 358 établissements, et 2,774 enfants recevaient l'instruction gratuite.

« Est-ce là du progrès?.....

« D'où il faut conclure qu'il est bon de faciliter aux enfants l'entrée dans les séminaires, en leur rendant les études de moins en moins onéreuses. Et, nous le répétons, le seul moyen solide pour cela, celui qui assure l'avenir de nos maisons et le recrutement du clergé, ce serait de provoquer de toutes parts la fondation des bourses ou des demi-bourses. C'est là notre pensée, et plus nous l'examinons, plus il nous semble qu'elle est l'expression exacte de la vérité. »

Encore une fois, disons-nous en terminant, nous n'avons fait qu'exposer ici les idées de M. Goudé, sans en prendre en aucune façon la responsabilité. Notre unique but était de montrer qu'avec des principes si arrêtés sur une question qu'il avait assurément mûrie, il est de la dernière invraisemblance que M. Goudé ait jamais pu désirer la suppression du petit collège de Châteaubriant.

ANNEXE

Nous devons à l'obligeance de M. l'abbé Tessier, supérieur du collège de Châteaubriant, la liste des prêtres qui sont sortis de Sainte-Marie :

ANNÉE 1845-46

MM. Bouscaud, Julien, de Saint-Aubin-des-Châteaux.
Martin, François, de Treffieuc.
Rigaud, François, de Soudan.
Laheux, Henri, de Nantes.

ANNÉE 1848-49

Gazille, Louis, de Teillé.
Gobbé, de Saint-Vincent-des-Landes (*mort*).

ANNÉE 1849-50

Bernard (*mort*).
Cotteux, Jacques, de Louisfert.

MM. Deluen, François, de Rougé.
Durand, de Candé (*Maine-et-Loire*).
Rochereau, Jacques, de Moisdon.

Année 1850-51

Bioret, Louis, de Saint-Aubin-des-Châteaux.
Ermine, François, de Rougé.
Guillotin de Corson, de Bain (*Ille-et-Vilaine*).
Hamon, Jean-Marie, de Derval.
Jourdon, Pierre, de Teillé.
Laigneau, de Laval (*Mayenne*).
Ménard, Alphonse, d'Ancenis, vicaire général à
    Blois.
Tessier, de Teillé (*mort*).
Cruau, Pierre, de Saint-Sulpice.

Année 1851-52

Dauffy, Julien, de Moisdon.
Lequeux, Alexandre, du Petit-Auverné.
Quirion, de Nort.

Année 1852-53

Gautier, Adolphe, de Pouancé (*Maine-et-Loire*).
Lefeuvre, de Pierric.
Lemaître, du Pin (*mort*).

Année 1853-54

MM. Guichaud, Adolphe, de Doué (*Maine-et-Loire*).

Année 1854-55

Pellerin, Théodore, de Juigné.

Année 1855-56

Gicquiaud, François, de Rougé.
Hamel, de Martigné (*Ille-et-Vilaine*).

Année 1856-57

Sorin, Adolphe, de Haute-Goulaine.
R. P. Roux, Vincent, de Saint-Vincent-des-
  Landes.

Année 1857-58

Gasnier, Émile, de Montrelais.

Année 1858-59

Cornuaille, Louis, de Maumusson.
Meslier, Félix, de Saint-Julien-de-Vouvantes.
Leroy, Pierre (R. P. Emmanuel), de Moisdon.
Roche, François, de Saint-Aubin-des Châteaux.
Saintfort, Jules, de Saint-Julien-de-Vouvantes.
Sauvaget, Joseph, de Rougé.
Tessier, Jean-Marie, de Meilleraye.

Année 1859-60

MM. Guimard.
Lecarré, Noël, de Quintin (*Côtes-du-Nord*).

Année 1860-61

Douat, Gilles, de Nantes.
Noury, Julien.
Rabine, Jean-Marie, de Meilleraye.
R. P. Simon, Jean-Baptiste, d'Issé.

Année 1861-62

Forget, Pierre-Marie, de Joué-sur-Erdre.
Frémont, Aristide, d'Erbray.
Jamet, Julien, du Petit-Auverné.
Meterreau, de Nort (*mort*).
Retière, Joseph, de Nort.

Année 1862-63

Barat, Charles, de Béré.
Roche, Louis, de Saint-Aubin-des-Châteaux.

Année 1863-64

Bioret, Ernest, de Meilleraye.
Priet, Jean, de Lusanger.
Roux, René, de Lusanger.

(ANNÉE 1865-66

MM. R. P. Bricaud, Joseph, de Ligné.
Raguin, Auguste, de Juigné.

ANNÉE 1867-68

Leroux, Léon-Marie, de Pierric.
Palierne, Pierre, de Moisdon.
Robin, Joseph, de Nort.

ANNÉE 1869-70

R. P. Chopin, Pierre, du Grand-Auverné (*mort*).
Lanoë, Joseph, de Rougé.
Martin, Louis-François, de Rougé.
Pinon, Louis, de Saint-Julien-de-Vouvantes.
Potiron, Joseph-Marie, de Nantes.
Tuard, François, de Derval.

ANNÉE 1870-71

R. P. Barrat, François, de Rougé.
Briand, Pierre, de Pierric, secrétaire particulier
   de Mgr de Nantes.
R. P. Filâtre, Louis, de Soulvache.
Gary, Jean-Marie, d'Erbray.
Gendry, Jules-Marie, de Châteaubriant.
Jambu, Paul, d'Abbaretz.
Ménard, Jean-Marie, de Cordemais.
Robert, Ferdinand, du Pin.

Année 1871-72

MM. Bonnet, Olivier, de Bonnœuvre.
Terrien, Jules-François, d'Erbray.
Plessis, François, de Meilleraye (*mort*).

Nota. — Bien que cette liste, telle qu'elle est, soit, croyons-nous, incomplète; elle suffit cependant pour donner la mesure du bien qu'a produit, dans le diocèse de Nantes, l'humble collège de Châteaubriant

TABLE DES MATIÈRES

DEUXIÈME PARTIE

Depuis la nomination de M. Goudé, supérieur de l'Institution Sainte-Marie-de-Béré à Châteaubriant, jusqu'à sa démission de ses fonctions (1848-1871).

TROISIÈME PARTIE

Depuis la démission de M. Goudé de ses fonctions le supérieur de l'institution Sainte-Marie jusqu'à sa mort (1871-1881).

ANGERS, IMPRIMERIE LACHÈSE ET DOLBEAU.